Jacob La Roche

Studien zu Thoegnis

Jacob La Roche

Studien zu Thoegnis

ISBN/EAN: 9783742896667

Hergestellt in Europa, USA, Kanada, Australien, Japan

Cover: Foto ©ninafisch / pixelio.de

Manufactured and distributed by brebook publishing software (www.brebook.com)

Jacob La Roche

Studien zu Thoegnis

Studien zu Theognis.

§ 1. Wenn die Angaben des Suidas und der Eudokia, dass die Elegieen des Theognis 2800 Verse umfassten, auf Wahrheit beruhen, dann besitzen wir nicht einmal mehr die Hälfte davon, und es erleidet nicht den geringsten Zweifel, dass das Werk verstümmelt auf uns gekommen ist.[1]) Denn abgesehen davon, dass die Gnomensammlung mit der Überschrift Θεόγνιδος γνῶμαι[2]) oder ἐλεγεῖα auch Bruchstücke anderer Dichter enthält, sind nicht viele vollständige Elegieen darin vorhanden, sondern meist nur Auszüge aus denselben. So sind die Verse 227—232 ein Auszug aus einer Elegie des Solon (13), welche 76 Verse umfasst, aus derselben Elegie (65—70) die Verse 585—590. Aus einer Elegie des Tyrtaios (12) im Umfange von 44 Versen sind die Fragmente 935—938 und 1003—1006 entnommen und die Verse 1017—1022 sind ein Bruchstück des Mimnermos (5), das um zwei Verse verkürzt ist. Dass auch der Text hierbei Änderungen erlitten hat, zeigt uns ein Vergleich dieser Bruchstücke mit dem Originale.

So wenig wir die Elegieen des Theognis vollständig haben, so wenig haben wir sie auch in der ursprünglichen Reihenfolge. Maßgebend hierfür sind zwei Stellen. So heißt es bei Stob. 88, 14 ἡ οὖν ἀρχή μοι δοκεῖ τῆς ποιήσεως ὀρθῶς ἔχειν ἄρχεται γὰρ πρῶτον ἀπὸ τοῦ εὖ γενέσθαι, worauf die Verse 183—190 angeführt werden. Wenn auch diese Notiz nicht von Xenophon herrührt, dem sie Stobaeus zuschreibt, so beeinträchtigt das doch nicht ihre Beweiskraft im Hinblicke auf die gleich zu erwähnende Stelle bei Platon. Dort heißt es Menon pg. 95 D ἀλλὰ καὶ Θέογνιν τὸν ποιητὴν οἶσθ᾽ ὅτι ταὐτὰ ταῦτα λέγει; MEN. ἐν ποίοις ἔπεσιν; ΣΩΚ. ἐν τοῖς ἐλεγείοις, οὗ λέγει, worauf

---

[1]) Vgl. Th. Bergk über die Kritik im Theognis im Rhein. Museum, 1844, S. 213 ff.
[2]) So auch Isokrates 2, 43 u. 44.

33—36 angeführt werden. Dann fährt er fort ἐν ἄλλοις δὲ γε ὀλίγον μεταβάς und citiert der Reihe nach 435, 434, 436—438. Zwischen beiden Stellen stehen in unserer Sammlung volle 400 Verse, für welchen bedeutenden Abstand beider Stellen von einander Platon unmöglich den Ausdruck ὀλίγον μεταβάς gebraucht haben könnte.

Wann unsere Elegieen — oder besser gesagt Gnomensammlung ihre jetzige Gestalt erhalten hat, lässt sich nicht bestimmen: im fünften Jahrhundert unserer Zeitrechnung war dies bestimmt schon der Fall, denn Stobaeus schreibt Verse aus dieser Sammlung dem Theognis zu, die ihm nachweisbar gar nicht gehören, so 315 bis 318 (1, 16), 585—590 (111, 16), 719—728 (97, 7), welche von Solon sind, und das Epigramm im Tempel zu Delos 255, 256 (103, 8). Die gewöhnliche Annahme, dass unsere Sammlung ein Schulbuch gewesen sei, eine Art von Chrestomathie zum Unterrichtsgebrauche, für diesen Zweck eigens aus den Gedichten der alten Elegiker, aber zumeist aus Theognis excerpiert, hat alle Wahrscheinlichkeit für sich. Dadurch, dass das Beste und Brauchbarste aus diesen Gedichten ausgezogen wurde, erklärt es sich auch, dass mit geringfügigen Ausnahmen (1221—1230) kein von den alten Schriftstellern aus Theognis citierter Vers in unsrer Sammlung fehlt.[1]) Es erklärt sich aber auch dadurch die außerordentliche Verderbnis und Unsicherheit unseres jetzigen Textes, wie sie nur ein so oft und in so verschiedenen Zeiten abgeschriebenes Buch aufweisen kann. Wir sind an den meisten Stellen nicht sicher, die unverfälschten Worte des Theognis vor uns zu haben, wir wissen auch mit wenigen Ausnahmen nicht mehr, ob das, was wir vor uns haben, den Theognis wirklich zum Urheber hat. Dadurch ist der Conjecturalkritik ein weites Thor geöffnet, und selbst Sprache und Vers bieten kein sicheres Substrat zu einer Untersuchung. Damit soll jedoch nicht bestritten werden, dass eine derartige Untersuchung nicht doch noch Resultate zutage fördert, die sich für die Kritik unseres Dichters verwerten lassen.

Metrisches.

§ 2. Weder bei Theognis noch bei den übrigen Dichtern, die das elegische Versmaß gebrauchten, zeigt der Versbau besondere Eigenthümlichkeiten.

---

[1]) Bemerkenswert ist es, dass von V. 1231 an, welcher Theil der Fragmente bloß im Codex Mutinensis (A) enthalten ist, sich kein einziger Vers findet, der von einem griechischen Schriftsteller dem Theognis zugeschrieben wird.

Der Hexameter ist der gleiche wie bei Homer, nur mit dem Unterschiede, dass Verse aus lauter Spondeen nicht vorkommen. Dagegen sind Verse aus lauter Daktylen keine Seltenheit, so 5, 11, 17, 27, 37, 39, 67, 89, 159, 179, 187, 197, 199, 205, 213, 235, 237, 245, 251, 275, 289, 311, 321, 353, 357, 359, 385, 391, 393, 405, 419, 423, 439, 467, 501, 503, 505, 547, 565, 583, 593.[1])

Häufig sind Verse mit nur einem Spondeus, der sich am öftesten in einem der beiden ersten Füße findet: im ersten Fuß 9, 35, 41, 49, (51), 57, 73, 75, 95, 109, 141, 153, 157, 167, 195, 207, 243, 261, 267, 273, 279, 281, 283, 285, 287, 297, 299, 301, 313, 341, 347, 349, 351, 355, 361, 363, 369, 383, 395, 397, 431, 443, 449, 457, 469, 473, 481, 485, 489 u. a.

Im zweiten Fuß: 1, 7, 13, 29, 31, 33, 43, 77, 81, 87, 91, 93, 99, 129, 139, 189, 203, 215, 219, 233, 239, 257, 259, 293, 323, 325, 333, 365, 373, 387, 403, 407, 411, 417, 427, 437, 447, 461, 463, 471 (?), 475, 479, 483, 487, 495, 499, 507, 517, 519, 545, 549, 557, 571, 599 u. a.

Im dritten Fuß: 63, 137, 155, 177, 201, 247, 319, 331, 371, 379, 381, 497, 559 (wenn ἀφνεόν zweisilbig gelesen wird), 577, 705, 713, 735 u. a.

Im vierten Fuß: 19, 53, 69, 111, 113, 121, 145, 181, 225, 253, 265, 307, 415, 539, 575 u. a.

Im fünften Fuß allein kommt der Spondeus weder bei Theognis noch in den Elegieen anderer Dichter vor, dagegen im rein epischen Versmaß bei Phokylides

3, 7 οἰκονόμος τ' ἀγαθὴ καὶ ἐπίστατα ἐργάζεσθαι und
15, 2 οἱ μὲν ἐπερχομένου κακοῦ ἀνέρας ἐκλύσασθαι.

Zwei Spondeen kommen ebenfalls öfter vor, so im ersten und zweiten Fuß: 3, 25, 45, 79, 97, 105, 119, 143, 171, 175, 185, 191, 209, 249, 303, 435, 441, 453, 455, 479, 491, 493, 513, 515, 525, 537, 541, 569, 573, 595, 633, 637, 643, 647, 661, 665, 679, 687, 699 u. a.

im ersten und dritten Fuß: 151, 183, 221, 337, 367, 377, 399, 509, 605, 645, 737, 837 u. a.

im ersten und vierten Fuß: 51 (wenn ἔμφυλοι und nicht ἐμφύλιοι gelesen wird), 59, 103, 217, 263, 291, 309, 339, 433, 451, 459, 553, 591, 597, 629, 673, 739, 743 u. a.

im zweiten und dritten Fuß: 125, 127, 135, 295, 329 (?), 335, 389, 401, 409, 465, 521, 527, 543, 607, 611, 631, 681 u. a.

---

[1]) Wo Fälle häufiger vorkommen, sind bloß die Stellen aus den ersten fünf- bis sechshundert Versen des Theognis angeführt.

im zweiten und vierten Fuß: 63, 85, 123, 131 (?), 241, 277, 305, 327, 345, 523, 529, 535, 551, 601, 675, 773, 807 u. a.

im dritten und vierten Fuß nur an 6 Stellen: 147, 149, 173, 775, 777, 1201.

im ersten und fünften Fuß:

613 αἰγὰν δ᾽ οὐκ ἐθέλουσι κακοὶ κακὰ λεσχάζοντες.
693 πολλούς τοι κόρος ἄνδρας ἀπώλεσεν ἀφραίνοντας.
875 ἐσθλὸν καὶ κακόν ἐστι· τίς ἂν σέγε μωμήσαιτο.
995 σοί τ᾽ εἴη καὶ ἐμοὶ σοφίης πέρι δηρισάντοιν.

Sol. 17 πάντη δ᾽ ἀθανάτων ἀφανὴς νόος ἀνθρώποισιν.
Kleob. 1, 1 ἀνδρ᾽ εἶδον πυρὶ χαλκὸν ἐπ᾽ ἀνέρι κολλήσαντα.

Diese 6 Verse haben miteinander gemein, dass das letzte Wort ein viersilbiges ist, wie solche schon bei Homer vorkommen, z. B. A 107 αἰεί τοι τὸ κάκ᾽ ἐστὶ φίλα φρεσὶ μαντεύεσθαι, A 189, 202, 370 u. a.

Drei Spondeen in einem Verse kommen regelmäßig nur in zwei Fällen vor:

im ersten, zweiten und dritten Fuß: 83, 101, 117, 133, 161, 165, 193, 211, 413, 421, 429, 653, 801, 805, 929, 967, 969, 973, 1047 und

im ersten, zweiten und vierten Fuß: 163, 223, 269, 343, 375, 445, 533, 563, 689, 825, 897, 1257.

Ausnahmsfälle sind:

169 ὃν δὲ θεοὶ τιμῶσ᾽, ὃν καὶ μωμεύμενος αἰνεῖ.
1311 οὐκ ἔλαθες κλέψας ὦ παῖ· καὶ γάρ σε διώμμαι. Ferner
271 ἴσως τοι τὰ μὲν ἄλλα θεοὶ θνητοῖς ἀνθρώποις
227 πλούτου δ᾽ οὐδὲν τέρμα πεφασμένον ἀνθρώποισιν. welcher Vers einem Gedichte des Solon (13, 71) entnommen ist mit Änderung von ἀνδράσι κεῖται in ἀνθρώποισιν. Noch sei erwähnt

Phok. 3, 3 ἢ δὲ πυὸς βλοσυρῆς, ἢ δ᾽ ἵππου χαιτηέσσης.

Vier Spondeen sind äußerst selten:

641 οὔ τοι κ᾽ εἰδείης οὔτ᾽ εὔνοον οὔτε τὸν ἐχθρόν, wo mit leichter Änderung in εὔνοον zu helfen ist, wie schon Bergk vorgeschlagen hat.

717 ἀλλὰ χρὴ πάντας γνώμην ταύτῃ καταθέσθαι. wo für ἀλλὰ in schlechteren Handschriften ἀλλά γε steht. Ganz abnormal dagegen ist der Vers bei Phokylides

5, 2 οἰκεῦσα σμικρὴ κρέσσων Νίνου ἀφραινούσης.

§ 3. Eine Caesur im dritten Fuße des Hexameter fehlt fast nie, doch findet sich die Caesur nach dem dritten Trochäus etwas häufiger als die Penthemimeres. Beide Caesuren bilden jedoch nicht überall den Hauptversabschnitt, sondern sind ziemlich oft Nebencaesuren, z. B.

21 οὐδέ τις ἀλλάξει κακίον || τοὐσθλοῦ παρεόντος.
61 μηδένα τῶνδε φίλον ποιεῦ || Πολυπαΐδη ἀστῶν.
53 Κύρνε πόλις μὲν ἔτ' ἥδε πόλις || λαοὶ δὲ δὴ ἄλλοι.
95 τοιοῦτός τοι ἑταῖρος ἀνὴρ || φίλος οὔ τι μάλ' ἐσθλός, wo wie an vielen
anderen Stellen die Hephthemimeres die Hauptcaesur ist, oder
27 σοὶ δ' ἐγὼ εὖ φρονέων ὑποθήσομαι || οἷά περ αὐτός.
89 ἀλλὰ φίλει καθαρὸν θέμενος νόον || ἦ μ' ἀποειπών.
33 καὶ παρὰ τοῖσιν πῖνε καὶ ἔσθιε || καὶ μετὰ τοῖσιν.
35 ἐσθλῶν μὲν γὰρ ἀπ' ἐσθλὰ μαθήσεαι || ἢν δὲ κακοῖσιν. wo der Hauptversabschnitt durch die bukolische Diärese gebildet wird.

Die Verse ohne Caesur im dritten Fuße haben alle als Hauptcaesur die Hephthemimeres und daneben die Trithemimeres. Es sind ihrer im ganzen nur fünf:

123 τοῦτο θεὸς || κυβδηλότατον || ποίησε βροτοῖσιν.
255 κάλλιστον || τὸ δικαιότατον || λῷστον δ' ὑγιαίνειν.
775 αὐτὸς δὲ || στρατὸν ὑβριστὴν || Μήδων ἀπέρυκε.
1111 τοὺς ἀγαθοὺς || μὲν ἀτιμοτέρους || κακίους δὲ λαχόντας.
1305 θυμῷ γνοὺς || ὅτι παιδείας || πολυίρατον ἄνθος.

§ 4. Der Pentameter ist bei Theognis und den Elegikern überhaupt sehr sorgfältig gebaut. Die Caesur in der Mitte fehlt nie, und in der zweiten Hälfte findet sich nirgends der Spondeus. Vor der Caesur in der Mitte des Pentameter sollte eigentlich ein elidiertes Wort nicht stehen; doch findet es sich wiederholt auch bei den übrigen Elegikern z. B.:

Kallin. 1, 9 μοῖραι ἐπικλώσωσ' || ἀλλά τις ἰθὺς ἴτω. ebenso bei Tyrt. , 4. 10, 18; 24. 11, 8. 12, 12. Mimn. 12, 4. Solon 5, 6. 13, 60. 26, 2. Sonst findet nur die Elision einer einsilbigen Partikel (δέ, τε, γε) statt (Tyrt. 10, 30. 12, 22. Sol. 2, 6. 4, 38. 13, 22; 28. Xenoph. 1, 2. , 4), die jedoch beim Lesen zum folgenden Wort gezogen wird, so dass hier von einer Elision vor der Caesur nicht die Rede sein kann. Der letztere Fall ist auch bei Theognis nicht selten: 20, 122, 130, 164, 282, 290, 344, 390, 418, 452, 464, 500, 544, 640, 742, 790, 86, 946, 1094, 1112, 1136, 1138, 1160, 1214, 1290, 1314, 1324. Wo dies nicht der Fall ist, scheinen die Verse entweder nicht von Theognis herzurühren oder unrichtig überliefert zu sein. So ist zu schreiben

26 οὐδ' ὅσων πᾶσιν (oder πάντας) || ἁνδάνει οὔτ' ἀνέχων, für πάντεσσ'.

280 μηδεμίαν κατόπιν || ἁζόμενον νέμεσιν, wofür nur in A κατόπισθ' steht. Die Bruchstücke, in welchen die Verse 294, 660, 780, 954, 82, 1102, 1124, 1142, 1326, 1340, 1378 vorkommen, scheinen den

Elegieen des Theognis nicht entnommen zu sein. Merkwürdig sind zwei Stücke 467—496 und 511—522: im ersteren findet sich zweimal (468, 484), im letzteren dreimal (512, 516, 522) ein elidiertes Wort vor der Caesur.

Jede der beiden Hälften des Pentameter hat wiederum eine Nebencaesur. Es gibt dafür folgende Schemata:

a) in der ersten Hälfte:

1. $\stackrel{\prime}{-} \smile \smile \mid \stackrel{\prime}{-} \smile \smile$	λήσομαι | ἀρχόμενος	2 und noch	61 mal
2. $\stackrel{\prime}{-} \smile \smile \mid \stackrel{\prime}{-} -$	γίγνεται | ἀνθρώποις	172 "	" 74 "
3. $\stackrel{\prime}{-} - \mid \stackrel{\prime}{-} \smile \smile$	ἄτην | ἐξοπίσω	206 "	" 88 "
4. $\stackrel{\prime}{-} - \mid \stackrel{\prime}{-} -$	ὀργήν | συμμίσγων	214 "	" 80 "
5. $\stackrel{\prime}{-} \smile \smile \stackrel{\prime}{-} \mid \smile \smile$	φοίνικος | ῥαδινῆς	6 "	" 67 "
6. $\stackrel{\prime}{-} - \stackrel{\prime}{-} \mid - -$	γιγνώσκων | ὀργήν	98 "	" 94 "
7. $\stackrel{\prime}{-} \smile \smile \stackrel{\prime}{-} \mid \smile \smile$	μηδεμίαν | κατόπιν	280 "	" 49 "
8. $\stackrel{\prime}{-} \smile \smile \stackrel{\prime}{-} \mid - -$	τετράφαται | πολλήν	42 "	" 91 "
9. $\smile \mid \smile \stackrel{\prime}{-} \smile \smile$	πίνῃ | ἐπισταμένως	212 "	" 27 "
10. $\stackrel{\prime}{-} \smile \mid \smile \stackrel{\prime}{-} - -$	ὥστε | καταισχῦναι	502 "	" 22 "

Die übrigen noch möglichen Schemata kommen kaum in Betracht:

11. $\stackrel{\prime}{-} \mid \smile \smile \stackrel{\prime}{-} \smile \smile$ εἴ \| μ' ἀποτισάμενον 340, ferner 28, 362 [1020].

12. $\stackrel{\prime}{-} \mid - \stackrel{\prime}{-} \smile \smile$ τῆς \| εὐεργεσίης 548, ferner 118, 156, 306 432, 574, 896.

13. $\stackrel{\prime}{-} \mid - \stackrel{\prime}{-} - -$ σύ \| συμβουλεύειν 38, 126, 1372 (?).

14. $\stackrel{\prime}{-} \smile \smile \stackrel{\prime}{-} \smile \mid \smile -$ ἰχθυόεντα \| περῶν 248, 294, 332, 372, 416 468, 928, 1016.

15. $\stackrel{\prime}{-} - \stackrel{\prime}{-} \smile \mid \smile -$ εὐθυντῆρα \| κακῆς 40, 164, 292, 734, 828 886, 922, [1254].

Caesurlos ist die erste Hälfte des Pentameter bei Theognis nie, wohl aber bei Mimnermos 6, 2 ἑξηκονταέτη. Solon 20, 4: Simon 146, 2; 147, 6 ὀγδωκονταέτη. Kritias 2, 8 ἐξονομακλήδην. Anth. Pal. V 276, 2; 6. VI, 85, 2. 114, 2. 269, 4. VII, 468, 2. 487, 4. IX, 351, 2. 438, 6. 571, 2. 591, 2. 704, 2. XI, 134, 4 (wo auch der zweite Theil aus einem Wort besteht). 140, 4. 354, 2. 382, 14. XII, 8, 2. 125, 2 XIV, 55, 6. Anth. Plan. 88, 6. Append. 125, 2. 226, 4. 251, 4. 288, 2 4; 6.[1])

---

[1]) In diesem Scherzgedichte sind noch weitere 7 Fälle, von denen 2 auf den Pentameter und 5 auf den Hexameter kommen. Auch bei Homer kommt es wiederholt vor dass die erste Hälfte des Hexameter bis zur Penthemimeres aus einem einzigen Worte besteht, aber auch hier sind es fast durchwegs zusammengesetzte Wörter. ἀκροπόλοισιν

— 9 —

b) in der zweiten Hälfte:

1. ‿́ ‿ ‿ | ‿́ ‿ ‿ ≡ ὅρμος | ἡμετέρης 40 und noch 245 mal.
2. ‿́ ‿ ‿ ‿́ | ‿ ‿ ‿ ≡ ἐκκέχυται | φιλότης 110 „ „ 158 „
3. ‿́ ‿ | ‿ ‿́ ‿ ‿ ≡ χερσὶν | ἐραφαμένη 6 „ „ 185 „
4. ‿́ ‿ ‿ ‿́ ‿ | ‿ ≡ ἐκτραπέλοισι | νόμοις 290 „ „ 73 „
5. ‿́ | ‿ ‿ ‿́ ‿ ‿ ≡ γῆν | ἐπαμησάμενον 428, ferner [316], 528, 620, 680, 942, 1086, 1210, 1238. Meistens aber steht vor der Caesur ein elidiertes Wort τοῦτ᾽ / ἀκηρότατον 124, 210, 258, 1356, ferner 348, 472, 758, 812, 896, 940, 976, 1188, 1218.

Caesurlos ist die zweite Hälfte des Pentameter bei Theognis nur ein einzigesmal 1058 ἀμφιπερικτίοσιν. Aehnlich Kallinos 1, 2, ἀμφιπερικτίονας. Tyrt. 4, 6 ἀνταπαμειβομένους. Anth. Pal. V, 130, 6 ἀξιοπιστότεροι VII, 11, 2; IX, 190, 4 ἐννεακαιδεκέτους. VIII, 133, 6 ἀντιχαριζόμενος. IX, 169, 2 γραμματικευσαμένῳ. 224, 2 πουλυγαλακτοτάτην. 482, 18 πεντεπικαιδεκάτῳ. Außerdem IX, 642, 4. 662, 2. X, 74, 4. XI, 16, 2. 17, 4. 84, 6. 110, 2. 134, 4. 140, 2. 238, 4; 6. 284, 2. 353, 2. XII, 183, 2. 238, 4. Anth. Plan. 18, 2. 136, 2. 139, 4. Append. 288, 4; 6. Bei dem Umstande, dass diese Wörter fast durchwegs aus mehreren Bestandtheilen bestehen, ist der Mangel einer Caesur weniger fühlbar.

Der Endreim findet sich wiederholt in den beiden Theilen des Pentameter.

2. λήσομαι ἀρχόμενος || οὐδ᾽ ἀποπαυόμενος.

18. τοῦτ᾽ ἔπος ἀθανάτων || ἦλθε διὰ στομάτων. ferner 14, 20, 62, 78, 94 (?), 132, 134, 136, 140, 142, 158, 162, 174, 176, 180, 182 u. a.

Die Satztheile sind zumeist in beiden Hälften gleichmäßig vertheilt, entweder Attribut und Substantiv,[1]) attributiver Genetiv und Substantiv, Subject und Prädicat, oder es finden sich in beiden Theilen zwei correspondierende Begriffe:

Φ 249. ἀμφαγαπαζόμενος Ἡ 192. Hym. 5, 290; 436. ἀμφιδεδίνηται Ψ 562, θ 405. ἀμφιπεριστρώφα Θ 348. αὐτοκασιγνήτος Β 706, Γ 238, Λ 427, Ν 534, Ξ 156, Ἡ 718, χ 137. Hymn. 5, 80; 85; 364. 27, 3. 31, 5. εἰλαπινάζουσιν β 57, ρ 536. ἐκπροκαλεσσαμένη β 400. Hym. 1, 111. ἐντροπαλιζόμενος Ζ 496, Λ 547, Ρ 109, Φ 592. ἐξονομακλήδην χ 415, μ 250. Wie lose diese Zusammensetzung ist, sieht man aus ἐκ δ᾽ ὀνομακλήδην δ 278. πατροκασίγνητος Φ 469, ζ 330, ν 342, Hym. 5, 31. ποντοπορευέμεναι ε 277. προπροκυλινδόμενος χ 221, ρ 525. ὀκτωκαιδεκάτῃ ε 279, ν 268, ω 65. χαλκοθωρήχων Δ 448, Θ 62. Λαομεδοντιάδης Ο 527. Χαλκωδοντιάδης Ἡ 541, Δ 464. ἀμφιπεριστείνονται Kallim. in Del. 179. Ferner Anth. Pal. V, 237, 2. VI, 114, 3. 210, 1. VII, 167, 5. 309, 1. 343, 8. 466, 3. 702, 1. 726, 9. 733, 5. VIII, 122, 3 (?). 195, 1. IX, 482, 19. X, 79, 3. XII, 4, 5. XIV, 40, 4. Anth. Plan. 221, 9. Append. 35, 3. 172, 1. 209, 8. 269, 1; 5. 288, 1; 3; 5. Selten besteht der zweite Theil aus einem Wort: Anth. P. IX, 138 θηρεοζυγοκαμψιμέτωπος. XI, 17, 5 Διονυσιοπηγανόδωρος. Append. 288, 1 ῥινεγκαταπηξιγένειος. 288, 3 νηλιποκαιβλέπελαιος.

[1]) Vgl. Bergk im Rhein. Museum 1844, S. 413 ff.

— 10 —

a) 80 πιστὸς ἐν χαλεποῖς ‖ πρήγμασι γιγνομένοις.
132 ἔπλετο τοῖς ὁσίη ‖ Κύπρι μέμηλε δίκη.
250 ἀγλαὰ μουσάων ‖ δῶρα ἰοστεφάνων.
408 ἀλλ' αὐτὸς γνώμης ‖ οὐκ ἀγαθῆς ἔτυχες.
b) 386 ἢ τ' ἀνδρῶν κατάγει ‖ θυμὸν ἐς ἀμπλακίην.
400 ἐνερέβευ. ἀθανάτων ‖ μῆνιν ἀλευάμενος.
420 μηδ' ἐσιδεῖν αὐγὰς ‖ ὀξέος ἠελίου.
c) 52 μούναρχος δὲ πόλει ‖ μή ποτε τῇδε ἅδοι.
170 ἀνδρὸς δὲ σπουδὴ ‖ γίγνεται οὐδεμία.
406 μηδέ σε νικάτω ‖ κέρδος ὅ τ' αἰσχρὸν ἔῃ.
d) 54 οἳ πρόσθ' οὔτε δίκας ‖ ᾔδεσαν οὔτε νόμους.
60 οὔτε κακῶν γνώμας ‖ εἰδότες οὔτ' ἀγαθῶν. vgl. 82, 136, 166,
320, 342, 368.
158 ἄλλοτε μὲν πλουτεῖν ‖ ἄλλοτε μηδὲν ἔχειν.
160 ἀνθρώπων ὅ τι νὺξ ‖ χἠμέρη ἀνδρὶ τελεῖ.
478 οὔτε τι γὰρ νήφω ‖ οὔτε λίην μεθύω.

Von allen diesen Fällen gibt es noch weitere Beispiele in großer Anzahl.

§ 5. Bezüglich der Quantität der Vocale gibt es nicht viel Bemerkenswertes: καλὸς hat bald langes α (16, 257, 609, 683, 1047, 1106, 1251, 1350, 1369, 1377, Kallin. 2, 2. Tyrt. 4, 7. 10, 1; 30. Mimn. 5, 3. 11, 4. Solon 13, 24; 40. Phok. 13. Simon. 147, 4. Platon 8, 1. Kallim. (ed. Meineke) in Apoll. 36. 59. Dian. 181. (Pall. lav. 71), bald kurzes (17, 282, 652, 696, 960, 994, 1259, 1280, 1282, 1329. Mimn. 1, 6. Sol. 13, 21. Simon. 95, 1. 156, 1. Platon 7, 3. Ion 1, 15. Kritias 1, 14. 2, 19. Hes. Op. 63. Kallim. in Apoll. 3. Dian. 261. Cer. 26. Pall. lav. 17. 51. Epigr. 81 (Anth. P. IX, 566). 16, 1 (Anth. P. VII, 459). 29, 4 (A. P. XII, 51). 30, 6 (A. P. XII, 71). 52, 1 (A. P. XII, 230).[1])

Das lange α in ἀείσω (4) findet sich schon bei Homer ρ 519 (ἀείδῃ), außerdem Hymn. 12, 1. 18, 1. 27, 1. Kallim. in Del. 304. Oppian Kyn. I, 42. II, 363. 490. 548. III, 340. IV, 4. 21. 374. Hal. V, 296. 451. Quint. Sm. 3, 646. Orph. Arg. 7. Lith. 10, 14. 18, 86. Anth. Pal. VI, 120, 2. IX, 92, 2. 433, 3. 485, 1; 14. 545, 3. Hedylos 12, 5 (Anth. ed. Brunck). Ganz ausnahmsweise hat Tyrtaeus die Plural-

---

[1] Merkwürdig sind folgende Beispiele: Kallim. in Iov. 55 κᾰλὰ μὲν ἤξεν κᾱλὰ δ' ἔγραψες. Kallim. (Anth. P. XII, 51, 3) κᾱλὸς ὁ παῖς Ἀχελῷε, λίην κᾱλός. Theokr. 6, 19 τὰ μὴ κᾱλὰ κᾱλὰ πέφανται. Rhianos (Anth. P. VI, 278, 1) παῖς Ἀσκληπιάδαο κᾱλῷ κᾱλὸν εἴσατο Φοίβῳ. Anth. P. VII, 352, 5 ἐπέων δὲ κᾱλὴν φάτιν οὐκ ἐπὶ κᾱλά. VII, 726, 10 ἡ κᾱλὰ καὶ καλῶς Πλατθὶς ὑφηναμένη. X, 13, 1 ἡ κᾱλὸν αἱ δάφναι, κᾱλὸν δ' ὑπὸ πυθμέναν ὕδωρ. XII, 154, 3 κᾱλὸς γὰρ ναὶ Κύπριν, ὅλος κᾱλός.

endung α; der I. Declination kurz gebraucht 4, 5 δημότᾱς und 7, 1 δεσπότᾱς. wie es sich sonst nur bei Hesiod (Theog. 60, 267, 401, 534, 653, 804. Op. 564, 663, 675. Frg. 190), Pindar Ol. I, 89 und wiederholt bei Theokrit (namentlich im 5. Idyll) findet. ἀνέρος (— ⌣ ⌣) Xenoph. 6, 4.

ἴσος hat meist langes ι (82, 106, 224, 271, 544, 719, Asios 1. Sol. 24, 1. Ion 8, 4.), kurzes 678, Eurip. 1, 2, wie regelmäßig bei den Attikern und sehr oft bei Späteren (Kallim. in Dian. 53. Del. 175. Anth. P. V, 36, 7. 88, 1. 97, 1. VI, 156, 3. 327, 1. VII, 2, 1. 212, 3. 407, 3. 611, 3. IX, 59, 2. 107, 4. 178, 2. 216, 6. 225, 4. 228, 7. 246, 8. 263, 6. 292, 3. 356, 3. 435, 1. 605, 2. X, 27, 1. XI, 169, 4. 209, 2. 222, 2; 3. 334, 1. XII, 108, 1. 195, 7. 211, 2; 7. 212, 4 u. a.). Lang ist ι in πίομαι 962, Anth. P. VI, 44, 6. 291, 4. IX, 519, 1; 3. XI, 19, 2; kurz dagegen in ἐμπίομαι 1129, ebenso Anth. P. V, 44, 4. 137, 4. XI, 25, 5. XII, 168, 7. Auf die Verschiedenheit der Quantität in diesem Worte hat schon Athenaeus X, 446 d aufmerksam gemacht und als Beweis für die Länge N 493 und Arist. Eqq. 1289 und für die Kürze drei Stellen aus den Komödien des Platon und Menander angeführt. Das ι in ἀνίη ist bei Homer immer lang (η 192, φ 223, ο 394, ρ 446, υ 52), ebenso in ἀνιηρός (β 190, ρ 220, 377) und ἀνιάω (Β 291, α 133, β 115, γ 117, ο 335, τ 66, υ 178), während es in ἀνιάζω Φ 270, δ 598, τ 323, χ 87 lang und Σ 300, Ψ 721, δ 460 kurz ist. Bei Theognis ist das ι nur 1337 lang, sonst überall kurz 76, 344, 872 und namentlich in der Form ἀνιηρότερον 124, 210, 258, 812, 1356. Dasselbe Schwanken herrscht auch bei Späteren, nur dass in ἀνίη (Kallim. in Pall. lav. 83. Anth. Pal. X, 59, 1. XII, 160, 1. 166, 5. Anth. Plan. 73, 4. 112, 3. 273, 3) und in ἀνιάω (Kallim. Anth. VII, 522, 4, dann X, 3, 3. XII, 136, 1. 150, 2. 153, 3) das ι lang ist, ebenso in ἀνιηρόν (Kallim. Anth. Pal. VII, 521, 3, dann IX, 165, 2. XII, 98, 4), während es in ἀνιηρόν IX, 359, 5. XII, 134, 1 (Kallim.). 154, 3; in ἀνιηρότερον VII, 519, 4 (Kallim.) und in ἀνίη Anth. Append. 195, 4 kurz gebraucht ist.

Das ι in der Comparativendung ιων ist bei Attikern regelmäßig lang[1]), so auch bei Theognis 811, 1175, Archil. 13, 1 κακίων, Simon. 143, 2 κάλλιον, kurz dagegen in κακίων 21, 262, 411, 1111, λώιον 424, 690, μάλιον Tyrt. 12, 6, ῥίγιον Mimn. 4, 2. Kurzes ῑ hat Κρονίων bei Tyrt. 2, 1; langes Ὑπερίονος bei Mimn. 12, 1, ebenso πολυρρήιγων Th. 703, ἀπιστίη 831, κακοκερδίην 225, ἀναλκίης 891, καχεπαιμίης 1169, ἀτιμίη Tyrt.

---

[1]) Vgl. Die Comparation in der gr. Sprache, I, S. 17.

10, 10, αὐρήη Sol. 9, 4, αἰθρίην 13, 22, προεδρίην Xen. 2, 7, τυρρανίης 3, 2, dagegen προμηθείην 1, 24, wofür Dindorf προμηθίην vorgeschlagen hat. In τίνω ist der Vocal 204 und 362 lang, 740 und Sol. 13, 31 kurz wie bei den dramatischen Dichtern, während ι bei den Epikern lang ist. In τίω schwankt die Quantität schon bei Homer, bei Theognis 621 ist ι kurz, ebenso in ἴσαπ 598, 614, wo bei Homer ebenfalls beide Fälle vorkommen. ἥμιν 235 mit kurzem, ἴομεν Sol. 2, 5 mit langem ι ist schon bei Homer üblich. ὄρνις hat langes ι 580, 1197 und bei Homer mit Ausnahme von Ω 219.¹)

§ 6. In der Regel wird der lange Endvocal schon seit Homer kurz gebraucht, wenn das folgende Wort vocalisch anlautet: 2, 3, 25, 26, 27, 34, 35, 39, 48, 50, 51, 53, 57, 61, 77, 79, 85, 95, 100, 103, 113, 119, 120, 129, 136, 139 u. a.

Dies geschieht bisweilen auch in der Mitte von Wörtern, wie schon bei Homer, aber nirgends bei Theognis, in θηίων Tyrt. 12, 12, Mimn. 14, 9, Simon. 136, 3, in γεραιούς Tyrt. 10, 20, wofür man γεραρούς und anderes setzen wollte, in ποιεῖν Kleobul. 1, 2 und ἐποίησεν Sim. 157, 3. Das οι in diesem Worte wird von späteren Dichtern häufig kurz gebraucht, so dass man sogar ποεῖν schreiben wollte, vgl. Anth. P. V, 40, 4. 41, 4. 61, 2. VI, 153, 3. VII, 354, 2. 406, 1. IX, 330, 9. 773, 1. XI, 3, 4. 85, 1. 127, 1. 160, 4. 218, 3. 221, 2. 227, 3. 240, 2. 330, 3. 362, 5. 391, 2. 398, 3. 404, 6. XII, 46, 3. 206, 4. 211, 3. 217, 2. 241, 3. 243, 2. XV, 12, 1. Append. 114, 3. 117, 2. 154, 1; auch in ποιητής XI, 131, 3 und ποίημα XI, 134, 1. 218, 3. XII, 43, 1. αἰάζει VII, 549, 1. παλαιούς IX, 281, 3. Ἑρμείοβ Append. 38, 1. αἰῶνας 121, 3. ῥαιῷ 257, 2. Ἀθήναιος 348, 1. ἥρωα 376, 4. παμπαλαίων 393, 4.

An den nachfolgenden Stellen aber behalten lange Endvocale ihre Länge und zwar im Hexameter:

957 αἴ τι παθὼν ἀπ' ἐμεῦ || ἀγαθὸν μέγα μὴ χάριν οἶδας.

977 ταῦτ' ἐσορῶν κραδίῃ | εὖ πείσομαι || ὄφρ' ἔτ' ἐλαφρά, dafür Cod. A κραδίην, so auch Bergk.

1283 ὦ παῖ μή μ' ἀδίκει· || ἔτι σοι καταθύμιος εἶναι.

1341 αἰαῖ παιδὸς ἐρῶ | ἁπαλόχροος || ὅς με φίλοισιν.

253 αὐτὰρ ἐγὼν ὀλίγης παρὰ σεῦ || οὐ τυγχάνω αἰδοῦς.

535 οὔ ποτε δουλείη κεφαλὴ || ἰθεῖα πέφυκεν.

Solon 27, 15 τῇ δ' ἐνάτῃ | ἔτι μὲν δύναται || μαλακώτερα δ' αὐτοῦ.

An diesen Stellen ist die Länge durch die Caesur gerechtfertigt, nicht aber

---

¹) Vgl. Hom. Ilias, Einl. § 20, wo noch weitere 12 Ausnahmen angegeben sind.

267 γνωτή τοι πενίη || καὶ ἀλλοτρίη περ ἐοῦσα, dafür Α πενίη τε. Bekker
    πενίη γε.
1291 πατρὸς νοσφισθεῖσα δόμων || ξανθή Ἀταλάντη.
Erinna 6, 7 καὶ σὺ μὲν ὦ Ὑμέναιε || γάμων μολπαῖον ἀοιδάν.
Krates 7, 1 Πήρη τις πόλις ἐστὶ || μέσῳ ἐνὶ οἴνοπι πόντῳ, nach τ 172
    im Pentameter:
478 οὔτε τι γὰρ νήφω || οὔτε λίην μεθύω.
992 χαιρήσεις, δύναται || ἄλλοτε ἄλλος ἀνήρ, Bergk δύναται δ᾽, andere
    χαιρήσειν δύνασαι.
1066 τούτων οὐδέν τοι || ἀλλ᾽ ἔπι τερπνότερον.
288 ὡς δὲ τὸ σῶσαι οἱ || πολλοὶ ἀνολβότεροι, augenscheinlich verdorben
    (τοι πολλὸν ἀνολβοτέρη?).
778 τερπόμενοι κιθάρῃ || καὶ ἐρατῇ θαλίῃ. Bergk κιθάρῃς ἠδ᾽.
440 τὸν δ᾽ αὐτοῦ ἴδιον || οὐδὲν ἐπιστρέφεται.
960 ἠδύ τί μοι ἔδοκει || καὶ καλὸν ἔμμεν ὕδωρ, G. Hermann μοι δόκεεν.
Simon. 85, 12 ὡς χρόνος ἔσθ᾽ ἥβης || καὶ βιότου ὀλίγος, dafür G. Hermann βιοτῆς, entsprechender als βιότοι, wie Stephanus vorgeschlagen.

§ 7. **Kurze Vocale erleiden manchmal vor** vocalisch anlautenden **Wörtern keine Elision**, wie es auch bei Homer nicht selten der Fall ist. Geschieht dies in Hauptversabschnitten, so ist der Hiatus statthaft, z. B.:

333 μή ποτε φεύγοντ᾽ ἄνδρα || ἐπ᾽ ἐλπίδι Κύρνε φιλήσῃς.
993 εἰ θείης Ἀκάδημε || ἐφήμερον ὕμνον ἀείδειν. Auch bei Homer gibt es Fälle, wo der Vocativ auf ε vor einem Versabschnitt nicht elidiert, so

Σ 385, 424 Θέτι τανύπεπλε || ἱκάνεις. Γ 20 ἐνοσίγαιε || ἐμήν. α 60 Ὀλύμπιε || οὐ νύ τ᾽ Ὀδυσσεύς.
1085 Δημῶναξ, σὺ δὲ **πόλλα** φέρεις βαρύ· || οὐ γὰρ ἐπίστῃ. Weder im Versabschnitt, noch sonst wird ο elidiert, vgl. Η 310, Μ 74, Ξ 407, Υ 205, Ω 662, δ 746.
1141 εὐσεβέων δ᾽ ἀνδρῶν γένος ἔφθιτο, || οὐδὲ θέμιστας.

Gegen den Hiatus an dieser Versstelle wäre nichts einzuwenden, vgl. Ε 434, Θ 66, Ι 690, Κ 472, Λ 461, Ο 172, Φ 234, Ψ 195, 224, α 6, 61, 263, γ 435, ε 255, 391, ι 438, μ 329, ν 24, χ 426, wo an derselben Versstelle überall eine ähnliche Verbalform **steht**; **da** aber vorher ἄζεται und darauf γιγνώσκουσι steht, so **hat** Schäfer mit Recht ἔφθιται geschrieben.

1195 μή τι θεοὺς ἐπίορκον ἐπόμνυθι· || οὐ γὰρ ἀνυστόν. Der Hiatus ist statthaft an dieser Stelle, wie auch nach anderen Imperativ-

— 14 —

formen E 221, χ 403, 404, ω 215 und auffordernden Conjunctiven
Κ 70, ϑ 133, χ 44.

1287 ἀλλά σ' ἐγὼ τρώσω φεύγοντά με || ὥς ποτέ φασιν, durch die bukolische
Diaerese gerechtfertigt, sowie auch vor ὥς an derselben Stelle
Β 3, 1690, ebenso vor ὧδε Κ 70, ὁ 141, τ 380 und ὅς β 46, ω 215.
Es findet sich aber auch der Hiatus an Stellen, wo kein Versabschnitt ist, so in ἄλλοτε ἄλλος (ον, ῳ, ως) 157, Phokyl. 15, 1, Hes.
Op. 713, Apoll. Rhod. I, 881, Opp. Hal. II, 268, 566, Hymn. III,
558 und schon bei Homer δ 236, im Hexameter immer an der
gleichen Stelle in der Diaerese des fünften Fußes und im Pentameter in der zweiten Hälfte in der Diaerese nach dem ersten
Dactylus (ἄλλοτε ἄλλος ἔχει) 157, (232), 318, 992, Solon 13, 76. 15, 4.
Dieser Hiatus scheint traditionell gewesen zu sein und durch den
vielfachen Gebrauch gerechtfertigt.

171 θεοῖς εὔχου, θεοῖς ἐστιν ἔπι κράτος, οὗ τι ἄτερ θεῶν, dafür hat A richtig
οὗ τοι, so auch Bergk.

749 ὁπότ' ἀνὴρ ἄδικος καὶ ἀτάσθαλος, οὔτε τι ἀνδρῶν οὔτε τι ἀθανάτων μῆνιν
ἀλευόμενος. τι haben 749 zwei, 750 aber alle Handschriften außer
A, in dem beidemal richtig τω steht. Der Hiatus wäre aber
gestattet, da τι nicht elidiert.

649 ἆ δειλή πενίη, τί ἐμοῖς ἐπικείμενα ὤμοις. Bei τί findet keine Elision
statt weder bei Homer (E 465 ἐς τί ἔτι. ϑ 136 οὐδέ τι ἥσσης. χ 246 οὐδέ
τι ἐκφάσθαι. ο 83 δώσει δέ τι ἐν) noch bei Attikern.

1351 ὦ παῖ μὴ κώμαζε, γέροντι δὲ πείθεο ἀνδρί. Bei Homer ist der
Hiatus vor ἀνήρ als statthaft erwiesen, vgl. Ilias Einl. § 26 und
Anhang zu B 198. Vielleicht dürfte daher auch 69 μήποτε Κύρνε
κακῷ πίσυνος βουλεύεο ἀνδρί statt βούλευε σὺν ἀνδρί zu schreiben sein,
denn nur das Medium, nicht das Activ hat die Bedeutung „sich
berathen".

Der Vollständigkeit wegen seien noch erwähnt:
Tyrt. 3, 1 ἁ φιλοχρηματία Σπάρταν ὀλεῖ, ἄλλο δὲ οὐδέν, und Anakr.
112, 1 Τέλλιδι ἱμερόεντα βίον πόρε. Für beide Fälle finden sich Analogien im Homer, so am Versschlusse außer dem häufigen πότνια
Ἥρη und Ἥβη (Δ 2) und dem schon erwähnten ἄλλοτε ἄλλος noch
ἐνθάδε ἔρρων Θ 239, Ι 364, αὐτὰρ ὁ ἔρρων Σ 421, σείετο ὕλη Ξ 285, ὄφρ' ἔτι
εὕδει Ξ 358, τετελεσμένα ἤεν Σ 4, ἐπεγεύατο ὕλην ε 257, τοῖσί τε ὕπνος χ 68,
πόσια οἴνου Λ 678, ξ 100, ἄφθιτα αἰεί Ν 22, πυκάσασα ἓ αὐτήν Ρ 551. Für den
zweiten Fall sind die Beispiele zahlreicher, vgl. Λ 333, 393, 533.
Β 105, 107, Γ 379, Ε 90, 142, Κ 123, Θ 271, γ 160, 480, δ 543, ζ 224, η 217,
230, ι 261, ξ 1, ο 327, ρ 5, σ 323, τ 1, 51, 231, υ 1, φ 72 u. a.

— 15 —

§ 8. Das Digamma als Lautzeichen war den elegischen Dichtern ebenso fremd als den nachhomerischen Epikern; wo sie es scheinbar berücksichtigten, haben wir es mit Nachahmungen und Reminiscenzen aus Homer zu thun, mit dessen Poesie sie wohl vertraut waren.

Die Fälle sind folgende:

ὦ ἄνα 1. Φοῖβε ἄναξ 5, 773. αἶτε ἄνακτα 987, so A. τε ἀνάκτων Ion. 1, 3. Ἐνυαλίοιο ἄνακτος Archil. 1, 1. Διωνύσοιο ἄνακτος Simon. 172, 3. Dagegen Tyrt. 2, 3 ἀργυρότοξος ἄναξ. Theogn. 373 und 803 sind ohne Belang. τῇδε ἅδοι 52. πάντας (πᾶσιν) ἀνδάνει 26. Dagegen καὶ ἄνδανε 34. ἄπιστοι ἅδον 226. κακοφόγῳ ἀνδάνει 287. ὕβριν ἁδεῖν 732. χρημοσύνη εἴκων 389. Aber Tyrt. 10, 8 χρημοσύνῃ τ᾿ εἴκων. Theogn. 823 und 936 kommen nicht in Betracht.

οὔτε τι εἰπεῖν 177 ist nicht maßgebend, da τι nicht elidiert, eher ἀποσιωπῶν 89. Dagegen ὅς κ᾿ εἴπῃ 96. ὥστ᾿ εἰπεῖν 414. ὡδέ οἱ εἰπεῖν 519. κἄκ᾿ εἰπών Simon. 169, 1. μόνον εἴφ᾿ Plat. 8, 1. ἡμῖον εἴπατε Erinna 5, 3. τάφος εἴπατε 5, 5. Dazu das Futurum πᾶς τις ἐρεῖ 22. μῦθον ἐρῶ 1236. ἄμεινον ἐρεῖ Mimn. 7, 4. Gar keine Spur zeigt ἔπος: ἀεῖρατ᾿ ἔπος 16. τοῦτ᾿ ἔπος 18. τοῖσδ᾿ ἔπεσιν 20. μή μ᾿ ἔπεσιν 87. ἀγοράσθαι ἔπος 159. τελήεντ᾿ ἔπεα Tyrt. 4, 2. γ᾿ ἔπεσιν 12, 19. κόσμον ἐπέων Sol. 1, 2. ἐφ᾿ ἔπος Simon. 88, 1.

σχέτλια ἔργα 733. ἐσθλὰ δὲ ἔργα 1167. ἄεργος 1177. πίονα ἔργα Tyrt. 5, 7. ἐκάεργος 3, 2. ὄβριμα ἔργα 11, 27. καλὰ ἔργα Sol. 13, 21. ἐπήρανα ἔργων Ion. 1, 15. εὐεργεσίης Simon. 99, 6. 150, 4. Dagegen ἐπ᾿ ἔργοισιν 66. δ᾿ ἔργ᾿ ἀτέλεστα 1290. πολυδακρύου ἔργα Tyrt. 11, 7. δ᾿ ἔργ᾿ Mimn. 2, 12. τ᾿ ἔργα Sol. 4, 37. δ᾿ ἔργα 4, 38. ὕβριος ἔργα 13, 16. ἀναίτιοι ἔργα 13, 31. μιν ἔργα 13, 41. πολυφαρμάκου ἔργον 13, 57. δ᾿ ἔργον Anakr. 105, 2. κράτει ἔργῳ Simon. 140, 1. οὐδενὸς ἔργον 175, 1. ἐκπρεπὲς ἔργον Kritias 1, 1. ἐπινίκιον ἔργων Plat. 7, 3. ἀπίσταται ἐργάζεσθαι Phok. 3, 7. θηλεύμενος ἔργμασι Mimn. 7, 1. ἐπ᾿ ἔργμασιν Sol. 13, 65.

εὖ ἔρδειν 105, 368, 573, 955, 1263, 1266, 1317. Sol. 13, 67. Aber οὐδ᾿ ἔρξαι 178. καὶ ἔρδειν Tyrt. 4, 7. οὐδ᾿ ἔρδειν Sol. 27, 12.

μὲν Ἑκάβη Platon 2, 4.

μελιηδής 475.

ὤλετο μὲν || Ἴλιου ἀκρόπολις 1232, vgl. 2.

δῶρα ἰοστεφάνων 250.

ἀίδρις 683. ἀιδρίῃ Sol. 9, 4. Aber ἄρρηνον ὕβρις 499. μέγα || οὐδὲ γὰρ οὐδείς 159, wo schon die Caesur den Hiatus entschuldigt. εὖ οἶσθα 375. οὐδ᾿ ἴσασιν Simon. 85, 11. σάφα εἰδώς 94, 3. Dagegen νομίζομεν εἰδότες 141. πλησίον ἥμεναι 221. σύνοιδα Sol. 4, 15. τις οἶδεν 13, 65.

ἄλλοτε οἶκος Mimn. 2, 11. Aber γὰρ οἴκαδε 334. ἐν δ᾽ οἴκῳ Kall. 1, 15. Πυθωνόθεν οἴκαδ᾽ Tyrt. 4, 1. ἔρχεται οἴκαδ᾽ Sol. 4, 27. μελίφρονος οἴκαδε Simon. 119, 3. χρήσιμον οἰκονόμον Kritias 1, 13. δ᾽ οἰκοτριβής 2, 14.

οὐδὲ ‖ με οἶνος 413. Dafür KO με, γ᾽, A μετ᾽. ἐποίννον 971. Hingegen θωρηχθέντ᾽ οἴνῳ 470. μελιηδέος οἴνου 475. πίν᾽ οἶνον 484, 879. καθήμενον οἰνοποτάζειν Phokyl. 11, 2. πλέῳ οἰνοποτάζων Anakr. 94, 1. βοτρύεσσ᾽ οἰνάς Ion. 1, 4. κρητῆρ᾽ οἰνοχόου 2, 2. τινες οἶνον Dion. Chalk. 5, 1. πόλις Οἰνοπίωνος Kritias 1, 6. ἡμέρα οἰνῶσαι 2, 28.

δὲ οἱ 178, 391. καί οἱ 415. ὧδέ οἱ 519. οὔποτέ οἱ 1256. οὐδέ οἱ 1376. ὅ οἱ Xenoph. 2, 9. αἴ οἱ Simon. 148, 11. οὗ ἑ Sol. 13, 27. Aber γάρ οἱ Bakch. 49, 3. περὶ ᾗ Tyrt. 10, 2.

Keine Spur von Digamma zeigen: ἄστυ 785, 868. Mimn. 9, 1. Sol. 4, 21. Anakr. 103, 1. Simon. 84, 3. 98, 1. Sokr. 1, 1. ἀστός 61, 191, 739. Sol. 10, 1. Erinna 5, 4. Platon 6, 1. 7, 5. ἔθος Euenos 1, 1; 2. 2, 1. ἑκάς 970. ἔκαστος 214, 312, 375, 898, 901, 967, 1072. Sol. 4, 27. 11, 5. 13, 25. 34. Simon. 85, 5; 121, 1. Euenos 3, 2. ἑκών Ion. 2, 8. Plat. 2, 1. ἐλπίς 333, 639, 823. Simon 85, 5; 9. εἶδος 1320. Tyrt. 10, 9. Phok. 3, 4. ἰδεῖν 216, 450, 594, 922. Tyrt. 10, 26; 29. Mimn. 14, 2. Sol. 13, 6. Kleobul. 1, 1. 2, 1. Plat. 12, 6. Simon. 113, 1; 115, 4. 123, 2. 149, 3. Dion. Chalk. 3, 4. Eurip. 2, 2. ἴσος Asios 1, 1. Eurip. 1, 2. Simon. 146, 1.

§ 9. Zwei Consonanten bilden auch bei den elegischen Dichtern in der Regel Position und eine wesentliche Verschiedenheit zwischen ihnen und Homer besteht nicht, außer etwa darin, dass vor σκ und ζ eine Kürze sich nirgends findet.

λ.

βλ bildet überall Position: βεβλαμμένος 223. ἀβλαβέως 1154. ἀπόβλητον Simon. 88, 3. περιβλέπεται Platon 8, 2. κατὰ βλεφάρων und ähnl. 208. 1206. Plat. 25, 4.

γλ gleichfalls: ἀγλαός 250, 785, 985, 1008. Kallin. 1, 6. Tyrt. 10, 9; 28. 12, 36. Sol. 13, 1. Anakr. 94, 3. 103, 1. 111, 2. Simon. 105, 1. 145, 4. 148, 11. 160, 1. Krates 1, 1. ταυγλώχινας Simon. 106, 1. ἀπὸ γλώσσης 63. ἐπὶ γλώσσῃ 85, 815. δὲ γλυκύν Sol. 13, 5.

θλ: ἄεθλον und ähnl. 257, 1003. Tyrt. 12, 13. Mimn. 11, 3. Xenoph. 2, 5; 21. Simon. 155, 3. 173, 1.

θέμεθλα Sol. 4, 14. Hier herrscht zwischen Homer und den älteren Elegikern insofern Übereinstimmung, als diese **drei** Lautverbindungen überall die vorhergehende Silbe längen. Ausnahmen finden sich erst bei späteren Dichtern: βίβλους Anth. Pal. XV, 37, 1. ἄεθλον Anth. **Pal. XV**, 32, 10.

κλ hat langen Vocal vor sich in ἔκλυσεν 556, Solon 13, 70. κεκλῆσθαι 563, κεκλιμένη 856, 1216, ἐπίκλοπον 965, κεκλήσεται 1203, ἐπικλώσωσ' **Kallin.** 1, 9. Ἡρακλείδαις (κλῆος) Tyrt. 2, 2. 11, 1. ἄκλητος Asios 3. κεκλιμένος **Arch.** 3, 2. δουρικλυτοί 4, 5. Περίκλεες 9, 1. ἔκλυσεν 9, 4. Anakr. 113, 4. πολυκλαύταν Erinna 6, 1. Μεγακλέος Simon. 113, 1. Ἡρακλέι Ion 2, 5. ἐπέκλωσαν Platon 7, 2.

μέγα κλέος 867. παρὰ κλαίοντι 1041. ποτε κλέος Tyrt. 12, 31. τε κλειτὸν Mimn. 17. τόδε κλεινοῖο Simon. 94, 1. κατὰ κλόνον 143, 3. ὄνομα κλυτόν 148, 11.

Ausnahmen sind οὔ ποτε κλεπτόμενα 20. κέκληκε 1229. κατακλῖναι 1181. Ἡρακλέους Demod. 1, 2. Phok. 1, 2. κατὰ κλίνην Dion. Chalk. 3, 5. Σοφοκλῆς **Soph.** 5, 1. **Iophon** 1, 1. δὲ κλεέννου Simon. 120, 3. κύκλῳ **Kritias** 2, 4. ἄπιστα κλύουσι Parrhasios 2, 1. παῖδε κλεεννώ Sokr. 2, 1. χαῖρε κλυτή **Plat.** 9, 3. Auch bei Homer finden sich Ausnahmen, vgl. Hom. Unters. 3. und 14.

πλ bildet Position in ἐπλήσθη 8. πολύπλοκος 67, 215. ἄπληστον 109. δολοπλοκίαι 226. διπλάσιον 229. ἐπλούτησε 663. πολυπλάγκτοισιν 1257. πεπλημένος Tyrt. 11, 33. πανόπλοισι 11, 38. εὐπλοκάμου Arch. 11, 1. ὑπέροπλον Mimn. 9, 3. ὅπλα Simon. 134, 2. Krates 7, 7. ἀμφὶ πλευρῇσι 55. περὶ πλέονος 118. δὲ πλεόνεσσ' 522. τὸ πλέον 1286. τε πλήθει Tyrt. 4, 9. παρὰ πλέῳ Anakr. 94, 1. περὶ πλευράς Simon. 168, 1 und πανόπλοισι πλησίον Tyrt. 11, 38, ohne ν̄.

Ausnahmen gibt's nur wenige κατὰ πλεῖστα Sol. 4, 32. πρωτοπλόου Platon 30, 4 (auch Hom. θ 35). γαῖα Πλάτωνος Speusippos 1, 1; bei Späteren mehr, vgl. Anth. Pal. V, 36, 1; 66, 5; 73, 5. 74, 1. VII, 564, 6. Append. 92, 4. 197, 2. Orph. Arg. 26. 137. 323. 436. 895. 979. 1189.

τλ: τέθλαθι 696. τέτληκεν 825. ἄτλητα 1029. ἀλλὰ τλῆθι 1237. τετλαίη Tyrt. 12, 11. ἔτλη Simon. 94, 4. 107, 7. Bei Homer macht nur σχετλίη Γ 414 eine Ausnahme: einem **Attiker** kann das nicht anstößig gewesen sein, sonst **hätte** Themistokles bei Herod. VII, 143 nicht darauf aufmerksam **machen** können, dass das Orakel ὦ θείη Σαλαμίς (142) unmöglich etwas Übeles für die Athener verkünde, es hätte ja sonst heißen müssen ὦ σχετλίη Σαλαμίς. Auch Aristoph. Lys. 498 gebraucht σχέτλιον als Anapäst.

L.

γλ: πολυφλοίσβοιο Arch. 9, 3. ἔφλεγε Erinna 6, 6, ohne Ausnahme; aber κατέφλεξε Anth. Pal. V, 62, 5 und τυφλός VI, 323, 2.

γλ: ἀγλαίνων Simon. 168, 3. ἀγλαόεντι 132, 3. καγλάζουσιν Plat. 25, 3. Ausnahmen: ὅς με γλιαίνων Soph. 4, 1. ἀγλὸς Kritias 2, 11; ebenso Orph. Arg. 1125. ὀμίχλη Quint. Sm. 4, 519. Bei Homer schon μέλι χλωρόν κ 234 und ἀμφὶ δὲ χλαῖναν ξ 529.

μ.

§ 10. δμ: ὀδμή 9. Xenoph. 1, 7. 3, 6. Κάδμον 15. δεδμημένος 177. ἐδμήθημεν Simon. 89, 1 ohne Ausnahme, sowie auch bei den übrigen Verbindungen mit $\bar{\mu}$, soweit es die früheren elegischen Dichter betrifft.

θμ: στάθμη 534, 805, 945. σταθμούς 1250. πυθμένα 1035. Sol. 13, 10; 20.

κμ: ἀκμᾶς Simon. 99, 1. λικμήσῃ Bakch. 49, 4. Spätere Dichter gebrauchen nicht selten vor θμ, κμ und τμ den Vocal kurz, so in σταθμός und στάθμη Theokr. 24, 15. Quint. Sm. 3, 182. 6, 232; 342. 13, 34; 46; 68. Anth. Pal. VII, 380, 2. IX, 336, 1. ἀριθμός Anth. Pal. V, 6, 6; 280, 4. VII, 389, 3. IX, 435, 4. XIII, 14, 5. App. 154, 3. 175, 2. κέκμηκα Anth. Pal. V, 47, 4. Orph. Arg. 1144. ἀτέκμαρτον 1148. ἐρετμοῖς 67. πότμος 1014, 1288. Anth. Pal. App. 201, 1. ἐφετμή Orph. Arg. 6. Anth. Pal. I, 24, 4; 25, 3.

ν.

§ 11. Die Verbindung einer muta mit $\bar{\nu}$ bewirkt bei den Elegikern, namentlich den älteren, fast überall Position, so auch bei Homer ausnahmslos, während die späteren Dichter sich zahlreiche Ausnahmen gestatteten.

γν: Μάγνης 603, 1103. Pisander 1, 3. ἰθεῖα γνώμη 396. ἀγνωμοσύνη 896. ἀγνώμων 1260. κασίγνητος 99. Simon. 123, 1. ἔγνων 1294. Sol. 13, 54. Xenoph. 6, 5. ἁγνός Xenoph. 1, 7. Simon. 107, 4. Ion 2, 5. Krates 1, 10. μιγνυμένων Kall. 1, 11. ἄγνωστον Mimn. 5, 7. στυγνά Sol. 4, 26. Θεόγνιδος Simon. 118, 1. Θεογνήτον 149, 1. Πολύγνωτος 160, 1.

δν: διὰ δνοφερήν 672.

θν: κατάθνητος 897. ξυνετὰ θνητοῖς 1078. τέθνηκα und ähnl. 1192, 1205, 1230. Kall. 1, 5. Tyrt. 10, 1. Mimn. 1, 2. 2, 10. Simon. 129, 2. ἔθνεα 132, 1.

Ausnahmen: τεθνᾶσι Simon. 96, 3. τεθνηκώς Anth. Pal. VII, 538, 1. ἔθνη Sim. 141, 5. Orph. Arg. 739, 1059, 1061. Anth. Pal. I, 61, 1; 69, 1; 75, 2.

κν: τέκνον 538. Ion 1, 11. Krates 1, 1. πυκνά Mimn. 14, 8. Simon. 144, 4. τε κνήμας Tyrt. 11, 23. Einzige Ausnahme δάκνομαι 910 (δάκομαι?). Dazu τέκνον Hes. Frg. 95. Anth. Pal. V, 41, 4; 43, 3. 5, VI, 200, 4; 340, 3. VII, 434, 4; 455, 4; 691, 3. IX, 114, 4; 345, 4. XI, 217, 3; 4. App. 228, 4. 384, 12. ἐτέκνωσεν Anth. Pal. IX, 510, 1. εὔτεκνος VI, 356, 4. VII, 484, 3. τεκνοσπορίης VII, 568, 4.

πν: ὕπνος 470, 476. Euenos 2, 6. Plat. 28, 2. 32, 5. ἀγρυπνέοντα (viersilbig) 471. πεπνυμένος 309. ἀποπνείοντ' Tyrt. 10, 24. ἔπνεεν Simon. 114, 2. καπνός 103, 1.

Ausnahmen ὕπνος Kritias 2, 10. Parrhasios 3, 2. Anth. Pal. App. 60, 2. καπνῷ Quint. Sm. 4, 519.

τν: πότνια 5. Bakch. 48, 1. Ausnahme φάτνῃσιν Quint. Sm. 6, 247. φν: ἀφνεόν (zweisilbig) 188, 559. Ausnahmen ἄφνω Anth. Pal. XII, 234, 2. Append. 136, 2. 229, 2. ἀφνειῶν Anth. Pal. XV, 34, 3. Δάφνιδος IX, 437, 14.

χν: πολυτέχνεω Sol. 13, 49. λαχνοῦται 27, 6.

Ausnahmen λίχνος Krates 7, 4. Anth. Pal. IX, 410, 1. λύχνος VII, 666, 4. XII, 199, 3. XV, 32, 1. App. 137, 4. τέχνη V, 12, 2. VI, 337, 6; 342, 2. VII, 135, 4. IX, 631, 2; 709, 5; 740, 3; 755, 2; 789, 2. XI, 177, 3. XII, 211, 3. XIV, 54, 1. Anth. Plan. 96, 8. 105, 1. 142, 6. 205, 4. 351, 4. Append. 59, 4. 86, 2. 115, 4. 141, 1. 217, 7. 264, 4. 356, 1. 359, 2. ἴχνεσιν Anth. Pal. VI, 92, 4. ἀράχνη XI, 106, 6; 110, 6; 111, 2; 407, 6. λαχνοῦται XII, 178, 3.

Es gibt sogar Stellen, wo die beiden liquidae μν keine Position bilden: λίμνη Orph. Arg. 1198. ὕμνους Anth. Pal. VIII, 174, 3. γυμνός und γυμνώσαι VIII, 241, 1. εἴκοσι μνᾶς XIV, 123, 10. δὲ μνᾶς XIV, 123, 12.

ρ.

§ 12. Die Verbindung einer muta mit ρ kann dem griechischen Ohr schon seit Homer nicht hart geklungen haben, deshalb kommen auch hier die meisten Fälle vor, wo davor ein kurzer Vocal kurz bleibt, bei manchen Wörtern sogar regelmäßig.

βρ: ὄφρυς 40, 44, 151, 153, 291, 307, 379, 541, 603, 732, 751, 775, 835, 1082, 1103, 1174. Mimn. 9, 4. 11, 3. Sol. 4, 8; 35. 8, 1. 13, 11; 16. Xenoph. 1, 17. Simon. 132, 3. ἀβρός 474, 722. Sol. 24, 4. Xenoph. 3, 1. λάβρος 634, 988. Simon. 177, 2. νεβρός 949. ὄβριμος 1307. Kallin. 3. Tyrt. 11, 25; 27. Sol. 4, 3. βαρύβρομος Plat. 9, 1. δὲ βλαβερή Euenos 4, 2.

Dagegen finden sich nur Kürzen von βροτός 123, 281, 381, 523, 591, 705, 837, 875, 900, 1198, 1221, Archil. 15 und βρόχος Plat. 17, 2.

18, 2. Deshalb schreibt man auch mit Recht κεν βροτός 747 und έλιπεν βρότον Plat. 17, 1.

γρ: άγρει 294. άγρυπνέοντα 471. λυγρός Tyrt. 6, 2. Mimn. 7, 1. Sol. 11, 1. Archil. 7. Plat. 18, 2. άγρός Tyrt. 10, 3. Bakch. 49, 1. άγρει Arch. 5, 3. ύγρός Anakr. 113, 3. Plat. 24, 4.

Dagegen άγροός 1200. έγραψε Erinna 4, 3. Simon. 162, 1. τάδε γράμματα Erinna 4, 1. παρά γράμμα Krates 4, 4. άγρωσσα Simon. 130, 2. δρ: όδρεύει 264. χαράδρην 347. περίδρομον 581. ύπερεδράμομεν 620. αίδρεις 683. ίδριες 199. αίδρίη Sol. 9, 4. πολυϊδρίησιν 703. ίδρησα 954. μελανύδρου 959. Άδρήστου Tyrt. 12, 8. κυδρότερος Xenoph. 2, 6. Ion 2, 10. παλίνδρομος Simon. 125, 1. έδρα Kritias 1, 4. ύδριάδες und άμαδρυάδες Plat. 24, 6.

Ausnahmen sind nur έδραμεν 856. άποδραίη 927. έδρασα Kritias 4, 2; bei Homer und Hesiod namentlich vor δράκων und Δρυάς.

θρ: έρυθρός Archil. 5, 3. άπο Θρήκης Simon. 168, 2. άθρήσασα Plat. 26, 3.

Ausnahmen: έθρεψε Empedokl. 2, 2. δε θρόνος Kritias 1, 4. Bei Homer sind kurze Silben vor θρόνος und θρασεία nicht selten.

κρ: (σ)μικρός 14, 607, 1273. Tyrt. 10, 6. Xenoph. 2, 20. Simon. 124, 2. μακρός 887. Tyrt. 11, 29; 34. Simon. 117, 2. 144, 1. άκρος 233, 594, 620, 1012, 1232. Tyrt. 12, 43. Mimn. 12, 7. Simon. 107, 3. 137, 4. 160, 2. Empedokl. 1, 1; 2. πικρός 301, 1353. Sol. 13, 5. Plat. 30, 2. κεκρυμένον 381. κεκρυμμένα 681. Όνόμακριτ 503. πολύδακρυν 549. δακρυόεντ 890. δάκρυα 1206. Simon. 116, 2. 143, 3. Anakr. 94, 2. Plat. 7, 1. κατακρύψαντες 1061. άπόκρισις 1167. έπικρέμαται 1186. προκρίνειν Xenoph. 2, 14. Τιμόκριτος Anakr. 101, 1. Έγκρατίδας 103, 2. Λόκρον Simon. 93, 2. Άνακρέοντα Kritias 7, 2. Κεκροπίαν Melanthios 1, 2. έπί κράτος Theogn. 171. παρά κρητήρι 493, 981. δε κρητήρα Ion 2, 2. άπό κρήνης 959. έπί κρατερήν Archil. 9, 6. τε κρείοντι Anakr. 111, 3. In Rücksicht auf die große Zahl dieser Fälle wäre die Schreibweise ποιώσιν Κρονίδη 738 gerade nicht nothwendig.

Ausnahmen gibt es folgende: δε κράτος 376. κέκριται 1038. άκροθίνια Simon. 109, 1. Τιμοκρέων 169, 2. Δημόκριτος 136, 1. νεκρός Epicharm. 1, 1 und 1, 2 (bis), ebendaselbst aber auch νέκρός. Άκρωνα und Άκραγαντίνον Empedokl. 1, 1. άκρος 1, 2. 7, 9. έκράτησαν Eurip. 1, 1. πέντε κρατήσας Simon. 155, 11. πυκνά κραδαινομένα 144, 4. τε κράτιστος Kritias 1, 3. δε κρατεί 1, 7. δε κράτει Krates 3, 1. ποτε κρινομένη Plat. 27, 3. εύτραπέλοισι κρέμαντο 32, 4. Bei Homer finden sich Ausnahmen namentlich vor Κρονίων und κραταιός.

πρ: Κύπρις 1277, 1304, 1308, 1323, 1332, 1382, 1383, 1385, 1386. Sol. 19, 4. Simon. 137, 2. Plat. 27, 1. 31, 1; 3. ἄπρηκτος 461, 1031, 1075 und ähnl. 553, 958. ἀπόπροθεν 595. σαπρός 1362. ἔτι πρέπει 235. τὸ πρὶν 483. Mimn. 3, 1. τε πρώτῃ 1146. τὸ πρῶτον Kall. 1, 11. Sol. 13, 15. δὲ πρῶτον Xenoph. 1, 13. πυρὶ προσάγειν 1360. ἅμα προλιπόντες Tyrt. 2, 3. ἐνὶ προμάχοισι 10, 1; 21. Mimn. 14, 6. τερπόμεθα πρὸς 2, 4. γιγνόμενα πρὸ Sol. 4, 15. ἐπὶ προχοῇσι Sol. 28. Sim. 120, 1. κύλικι πρότερον Xenoph. 4, 1. πολὺ προφέρει Simon. 162, 2. Kürzen finden sich vor πρίν 57, 917. πρό 283, 489, 1299; Xenoph. 1, 3; 5; 16; 24. 2, 7; 17. Dion. Chalk. 1, 1; 4. Erinna 4, 1. Eurip. 2, 2. πρός 379, 842. Xenoph. 7, 3. Kritias 2, 26. Krates 7, 6. πρῶτος Kritias 1, 10. Πραξιτέλης Plat. 26, 4. 27, 2; 3 und in κόπρος Epicharm. 1, 1. Die Schreibweise εἰσὶν πρόσθεν 911 unterliegt keinem Bedenken.

τρ: τετράφαται 42. ἀτρεμίζεσθαι 47. ἀτρεμέως 978. ἀτρεκές 167, 636. πέτρη 176, 215, 1361. Plat. 24, 1. ἀτροπίη 218. ἀτρύγετον 248. Sol. 13, 19. λάτρις 302, 486. ἀλιτρός 377, 731, 745. Sol. 13, 27. μέτρον 475, 498, 614, 615, 694, 876, 1119, 1326. Sol. 13, 52. 16, 2. Euenos 2, 1. περιτρέχει 505. δονακοτρόφον 785; κρότρον 1201. Sol. 13, 48. ἔτρεψε Tyrt. 12, 21. ἐτράπεθ' Archil. 9, 8. λατρεύει Sol. 13, 48. ξανθότριχι 22, 1. βοτρυόεσσα Ion 1, 4. λιτρῶν Simon. 141, 3. τετράκις 155, 7. Ἐρέτρια Plat. 9, 3. 10, 1. ἐπὶ τροχοειδεῖ Theogn. 7. ἔτι τρομέειν Simon. 130, 2. ἀπὸ τροχός Archil. 5, 3. Ziemliches Schwanken herrscht in den von πατήρ gebildeten und abgeleiteten Formen; doch muss für die ältere Zeit die Länge des ᾱ vor τρ als Regel angenommen werden. πατρός (ι) 736, 737, Tyrt. 10, 5. Sol. 22, 1. Simon. 111, 3. 114, 1. 116, 3. 120, 3. πατρώιος Theogn. 521, 888, 1044. Arch. 2, 1. πατρίδος (ι, α) 947. Tyrt. 10, 2. Sol. 2, 2. 19, 6. 32, 2. Aisch. 3, 2. Anakr. 113, 1. Simon. 96, 1. 99, 5. 100, 2. 108, 3. 125, 2. 151, 1. 152, 1. Empedokl. 1, 2. 2, 2. Thuk. 1, 3. Plat. 7, 5. 9, 3. Parrhasios 1, 2. ὀβριμοπάτρη Sol. 4, 3. κακόπατριν Theogn. 193. Ausnahmen gibt es bei Homer keine; denn die Schreibweise εἴπησι πάτρος Ζ 479 ist unrichtig statt εἶπε. Der erste Elegiker, bei dem sich kurzes α findet, ist Theognis selbst, wenn der Vers von ihm ist,

131 οὐδὲν ἐν ἀνθρώποισι πατρὸς καὶ μητρὸς ἄμεινον.

Hier ließe sich durch die geringe Änderung ἀνθρώποις abhelfen; dann käme aber ein Vers heraus, der im zweiten, dritten und vierten Fuß den Spondeus hat, wie ihrer sonst nur noch zwei (169, 1311) vorkommen (§ 2). Die zweite Stelle

788 οὕτως οὐδὲν ἄρ' ἦν φίλτερον ἄλλο πάτρης

muss ebenfalls als Ausnahme bestehen bleiben. Weitere Fälle sind πατρός (1) Euenos 1, 6. Parrhasios 1, 3. Aphareus 1, 1. Empedokles 1, 1. πατρίδος Simon. 154, 1. Dazu πάτριον Tyrt. 15, 6 im anapästischen Versmaß. Die übrigen Ausnahmen sind: κατέτριβον 55. Krates 4, 4. παρατρίβομαι 417, 1105. διέτριψεν 921. οἰκοτριβής Kritias 2, 14. ἀτρεμίζειν 303. μέτρον 479, 501. Kritias 2, 17; 23. σύμμετρα 2, 26. ἀμέτροισι 2, 28. 3, 4. σύμμετρον Sophokl. 1. ἀλλότριος 582, 656. Soph. 4, 4. ἧτε τρέφει 827. τε τράπεζα Xenoph. 1, 9. τῇδε τριακοσίαις Simon. 154, 1. δὲ τριῶν Euenos 2, 3. τέτρωσαι Simon. 144, 3. ἐπίσημα τράγος 157, 2. δὲ τροχοῦ Kritias 1, 12. φαρέτρην Plat. 32, 3.

φρ: σαόφρων (σούνη) und ähnl. 41, 81, 223, 230, 233, 404, 431, 437, 497, 590, 625, 665, 712, 765, 847, 1039, 1069, 1100. Kall. 1, 18. Tyrt. 5, 5. Sol. 13, 70. Xenoph. 1, 4. Phok. 9, 1. Ion 1, 11. 2, 8. Anakr. 110, 1. Bakch. 48, 2. Simon. 114, 4. 119, 3. Kritias 2, 17. 5, 1. ἀφραίνω 322, 693. ἀφραδίη 780. Sol. 4, 5. ἐφρασάμην (ατο) 430, 706. Sol. 5, 4. 13, 8. 20, 2. μετὰ φρεσίν 733, 787 (ἐπί). Simon. 99, 3 (περί). μετάφρενον Tyrt. 11, 17. ἐλαφρός 884, 977. Tyrt. 10, 19. ὄφρα Tyrt. 10, 28. Xenoph. 3, 2. Bakch. 49, 3. Gegen die Schreibweise ἔδακε φρένας Simon. 168, 3 lässt sich nichts einwenden, vgl. die Stellen in meinen Hom. Unters. S. 39. Kürzen finden sich vor φρ in λῶα φρόντῃ 96. δίκαια φρονεῖ 395. Hipparch 1. Ion 1, 16. προφρόνως 786. ἄφρων 454. τὸ φρονεῖν Kritias 2, 26. ἐφρόντισα Krates 12, 1. στήθεσσι φρένας 387. Ἀφροδίτη 1293. Mimn. 1, 1. Anakr. 94, 3. Simon. 137, 3. 151, 3. Kritias 2, 19. Plat. 31, 1. δίφρον Kritias 1, 10. Es bleiben noch zwei Stellen, die leicht zu bessern sind

252 ὅσση ὁμῶς ὄφρ' ἂν ᾖ γῆ τε καὶ ἥλιος und
1143 ἀλλ' ὄφρα τις ζώει καὶ ὁρᾷ φάος ἠελίοιο.

An ersterer Stelle hat Bergk ᾖ hinzugefügt, also die Abweichung selbst in den Text gebracht, obwohl ᾖ auch bei Homer Α 547, Ε 481, Λ 477, Ξ 376 und ο 394 ausgelassen wird. Die Conjectur von G. Hermann ὄφρ' ἂν γῆν φλέγῃ halte ich nicht für empfehlenswert, so geistreich sie auch ist; eher würde ich noch schreiben ἔσσεαι ὄφρ' ἂν ἔῃ. An zweiter Stelle besserte G. Hermann ἀλλ' ὄφρα ζώει und dem stimme ich bei, eher als der Conjectur von Leutsch ὄφρα δέ τις ζώει. Die erste Silbe in ὄφρα kommt sonst nicht als Kürze vor.

χρ: ἀχρημοσύνη 156. τἀμὰ χρήματ' 346. ἀχρήμων Sol. 13, 41. κεχρημένος Asios 1, 3. ἄχρηστος 865. πενιχρός 165, 181, 621, 662. Sol. 4, 23. ὀλιγοχρόνιος 602, 1252. ὀλιγοχρόνιος 1020. Mimn. 5, 4. Plat. 2, 4. πολυχρόνιος Simon. 118, 2. Euenos 9, 1. ἐπὶ χρόνον Mimn. 2, 3. μέγα 1299. ἁπαλόχροος 1341. ἔχρη Tyrt. 3, 3. Ausnahmen: ἄνδρα χρεών 564. κατὰ χρήματα 903, 923 τὰ χρήματα 927. φιλοχρηματία Tyrt. 3, 1. τῷ δὲ χρόνῳ Sol. 4, 16.

πάντα χρόνον Euenos 6. Kritias 2, 24. ὁ δὲ χρυσός Ion 2, 3. ὁ χρυσός Simon. 84, 7. Plat. 17, 2. ὑπὸ χρυσέων Krates 3, 2. ἔν τινι χρείᾳ Kritias 1, 8. παραχρῆμα 2, 23. Gegen die Schreibweise τί σφιν χρήσηται 772 besteht kein Anstand.

§ 13. Einfache Consonanten bilden höchst selten Position, so 660 θεοὶ γάρ τε νεμεκῶσ', dafür G. Hermann γάρ τοι. Ein analoger Fall findet sich sonst nirgends, außer etwa Nikand. Alex. 386 γλυκὺ νείμειας.

950 ποσσὶ καταμάρψας, nach κ 116 ἕνα μάρψας. Χ 201 δύνατο μάρψαι. Platon 9, 2 κείμεθ' ἐνὶ μεσάτῳ. Bei Homer steht vor μέσ(σ)ος keine lang gebrauchte Kürze, wohl aber bei Späteren: κατὰ μέσον Nik. Ther. 468. Alex. 26. ἀπὸ μέσον Ther. 595. ἐνὶ μέσσοισιν Apoll. Rh. I, 673. II, 879. Quint. Sm. 5, 233. διὰ μέσσην Apoll. Rh. IV, 870. Anders Quint. Sm. 6, 39. 7, 352. 8, 286. Platon 30, 2 ἧς καὶ ἐπὶ ῥυτίδων, ein ganz vereinzelter Fall. Simon. 107, 9 ἄμμι τόδε γέρας, ebenfalls vereinzelt, andere dafür κτέρας. 1099 βρόχον ἀπορρήξας. dafür Scaliger, Schäfer und Bergk βρόχχον nach Hesychios, analog dem von Athenaios XI, 498 a zweimal aus Hesiod citierten σκόππον für σκύφον, sowie man auch M 208 ὄππιν für ὄπιν schreiben wollte, obwohl es auch bei Hipponax 49, 6 mit lang gebrauchter Anfangssilbe erscheint. Vergleichsweise seien noch ζεφυρίη η 119 und πιφαύσκω Κ 478, 502, Σ 500, Hymn. 3, 540 erwähnt. Ausschlaggebend für die Verbesserung dürfte eine Stelle aus Athenaios sein, welcher XIV, 632 d στίχοι ἀκέφαλοι, λαγαροί und μύουροι aus Homer erwähnt und dann fortfährt: Ξενοφάνης δὲ καὶ Σόλων καὶ Θέογνις καὶ Φωκυλίδης . . . . . ἐκπονοῦσι τοὺς στίχους τοῖς ἀριθμοῖς καὶ τῇ τάξει τῶν μέτρων, καὶ σκοποῦσιν ὅπως αὐτῶν μηδεὶς ἀκέφαλος ἔσται μήτε λαγαρὸς μήτε μύουρος.

Der Vollständigkeit wegen erwähne ich noch ἀθάνατος mit langer Anfangssilbe 18, 144, 286, 330, 382, 400, 444, 446, 556, 618, 653, 687, 743, 750, 759, 803, 834, 944, 1120, 1140, 1148, 1170, 1196, 1280, 1346. Kall. 1, 3. Tyrt. 12, 32. Sol. 4, 2. 13, 64; 74. 17, 1. Simon. 124, 3 nach homerischem Vorbild.

§ 14. Selten werden kurze Endsilben lang gebraucht und meist ist dies durch eine Hauptcaesur gerechtfertigt, vor welcher wie am Versschlusse auch kurze Silben statthaft sind, vgl. Ilias Einl. §§ 21 und 29.

2 λήσομαι ἀρχόμενος || οὐδ᾽ ἀποπαυόμενος.

440 τὸν δ᾽ αὐτοῦ ἴδιον || οὐδὲν ἐπιστρέφεται, wofür indes mit Jakobs τῶν δ᾽ αὐτοῦ ἰδίων oder noch besser mit G. Hermann τῶν αὐτοῦ δ᾽ ἰδίων zu schreiben sein dürfte.

Wegen 1232 ὤλετο μὲν ‖ Ἰλίου ἀκρόπολις vgl. § 8.
329 καὶ βραδὺς εὔβουλος ‖ εἷλεν ταχὺν ἄνδρα διώκων.
Wenn eine Besserung überhaupt nothwendig wäre, so wäre die von G. Hermann εὔβουλος δ' die empfehlenswerteste.
461 μή ποτ' ἐπ' ἀπρήκτοισι | νόον ἔχε ‖ μηδὲ μενοίνα.
Hier in der Arsis des vierten Fußes, aber nicht in der Hauptcaesur. Bei Homer lässt sich für ἔχω noch anlautendes σ nachweisen, vgl. Ilias Einl. § 26.

Tyrt. 14 πρὶν ἀρετῆς πελάσαι τέρμασιν ἢ θανάτου.
In der Arsis des ersten Fußes wird schon bei Homer πρίν als Länge gebraucht, so B 348 πρὶν Ἄργος δ' ἱέναι. Θ 474 πρὶν ὄρθαι παρὰ ναῦφι. Ω 245, ο 210, 394, ρ 105, σ 402, τ 475. Mimn. 12, 1 Ἠέλιος μὲν γὰρ ‖ ἔλαχεν πόνον | ἤματα πάντα in der Penthemimeres.

Sol. 27, 8 ἰσχύν, ἣν τ' ἄνδρες ‖ σήματ' ἔχουσ' ἀρετῆς, in der Thesis des ersten Fußes. Bei Homer wird die Endsilbe ῦν (ebenso wie ύς) fast nie als Kürze gebraucht; vgl. die Note zu P 394 und außer den dort angegebenen Stellen noch μηστύν π 294, τ 13. νηδύν Quint. Sm. 9, 189. Opp. Kyn. III, 150, 157. Anth. P. IX, 519, 2. πληθύν Qu. Sm. 1, 569. Opp. Kyn. III, 135. Hal. IV, 396. νέκυν Apoll. Rh. IV, 1534. Qu. Sm. 3, 265. ἰχθύν Opp. Kyn. I, 50. Hal. II, 200. Anth. P. XI, 199, 1. XII, 241, 1. Dagegen wird bei Späteren νέκῦν (sowie auch νέκυς) sehr häufig als Pyrrhichios gebraucht: Qu. Sm. 3, 728. Opp. Kyn. I, 483. III, 378, 447. Hal. II, 112, 638. IV, 256. Anth. P. VII, 1, 4. 55, 1. 207, 7. 287, 1. 367, 1. 371, 2. 427, 1. 468, 4. 638, 3. 707, 1. 739, 5. VIII, 191, 4. 192, 3. 241, 1. IX, 231, 6. 243, 5. 294, 4. XI, 274, 4. XIV, 114, 2. XV, 5, 7. 6, 7. App. 197, 5. βότρῦν V, 227, 2. 287, 6. VII, 20, 2 (Simonides). VI, 72, 2. VII, 536, 2. 24, 8 (Simonides). X, 383, 1. πίτῦν VI, 57, 3. VII, 703, 3. IX, 131, 1. γένῦν Theogn. 1327. Opp. Kyn. II, 504. Hal. V, 167. 486. Anth. P. VI, 218, 7. XII, 25, 3. 26, 4. (λ 320 steht die Variante γένῦν in 7 Handschriften für γένυς). χέλῦν Opp. Hal. V, 396. 404. Anth. P. VI, 118, 4. Anth. Plan. 220, 3. ὀφρῦν Anth. P. VIII, 159, 2. στάχῦν IX, 362, 25. κλιτῦν Anth. Pl. 189, 2 (lang bei Homer ε 470). πῆχῦν Tryphiod. 521. Anth. P. App. 202, 3, auch bei Homer Λ 375. N 538. Φ 166. στάχυν Kallim. in Dian. 130. in Cer. 137.

Sprachliches.

§ 15. Die Sprache der Elegiker steht ungefähr in der Mitte zwischen dem Homerischen Dialect und der Sprache der Attischen Dramatiker; doch hat hie und da ein einzelner Elegiker seine

Stammeseigenthümlichkeit bewahrt. So finden wir bei dem Dorier Theognis dorische Formen, wie Εὐρώτα, λῇ (299), ἡμιν (960), während der ionische Dichter Kallinos die neuionischen Formen κότε (1, 1. 2, 2) und κως (1, 12) gebraucht, daneben aber auch ὁππότε (1, 8), wenn anders diese Form richtig überliefert ist.

Die Endung αο der I. Declination findet sich bloß in 'Αἴδαο 244, 427, 906, (Αἰήταο Mimn. 11, 5); daneben εω in 'Αἴδεω 703, (726), 802, 1014, 1124 (Sol. 24, 8), Βορέω 716 (so A, die anderen Βορέου), Αἰολίδεω 702 (so A allein) und die dorische Form Εὐρώτα 785, 1088.

Der Genetiv Pl. auf άων kommt nur einmal vor in μεριμνάων 766. Etwas häufiger ist die Endung έων: μεριμνέων 343 (so A allein), 1153 (ebenfalls nur A), πετρέων 176 (A), πολιητέων (A), πασέων 274, Κυψελιδέων 894 (keine Handschrift). ψυχέων Tyrt. 10, 14. μουσέων Sol. 13, 51. 26, 2. Archil. 1, 2. Die Endung ῶν findet sich nicht bloß nach Vocalen wie ἀνῶν 344, ἁρπυιῶν 715 und ταχεῶν 715, sondern auch nach Consonanten in πολιτῶν 455, 795, μουσῶν 769, 1056, κριθῶν 1249 und θυελλῶν 1273.

Unter den Endungen des Dativs Plur. ist ῃς die ungewisseste; denn sie ist nur 239 in den drei besten Handschriften (A K O) überliefert. 778, 879 und 1271 beruht sie auf Conjectur und 6 ist es mindestens ungewiss, ob ῥαδινῆς als Gen. Sing. oder Dat. Plur. aufzufassen sei; für letzteres spricht die Parallelstelle 1002 ῥαδιναῖς χερσί, Apoll. Rhod. III, 106 ῥαδινῆς χερός und der im § 4 erwähnte Parallelismus. Außerdem findet sich auch die Endung ῃς noch bei Sol. 24, 4. Xen. 2, 3. Archil. 9, 2; 4.

Noch seltener ist die Endung αισι, denn sie kommt nur 1269 und 1281 (bis) also in den bloß im Cod. A enthaltenen Fragmenten vor, sonst bei keinem Elegiker. Ungefähr gleich häufig sind die Endungen αις (12, 161, 240, 432, 631, 632, 640, 712, 722, 827, 828, 1002? 1234; Tyrt. 4, 6. 10, 25. 11, 6. Sol. 4, 22. 13, 36; 61) und ῃσι (55, 225, 239, 439, 513, 619, 703, 712, 779, 828, 881, 983, 1234. Tyrt. 11, 19. Mimn. 14, 11. Sol. 4, 5. 13, 37. Xenoph. 1, 3).

Die Genetivendung οιο ist auf wenige Worte beschränkt. θανάτοιο 707, 768. Mimn. 2, 7. ἠελίοιο 569, 1143, 1185 Mimn. 14, 11. Sol. 13, 23. νόσοιο 705. Τηϋγέτοιο 879. χαλεποῖο 103. κηδήλοιο 119. οὐλομένοιο 527. ποταμοῖο Mimn. 9, 5. πολέμοιο 14, 7. Häufig ist die Endung οισι 3, 29, 31, 33, 35, 37, 38, 44, 45, 49, 59, 205, 227, 235, 241, 249, 289, 290, 355, 443, 445 u. a., aber ungleich häufiger im Hexameter als im Pentameter.

Uncontrahiert bleiben die Formen von νόος, namentlich Nominativ und Accusativ 36, 74, 87, 88, 89, 91, 109, 121, 125, 142, 154,

190, 202, 203, 365, 367, 375, 377, 379, 395, 397 u. a., ebenso χάλκεος 870, πορφύρεος 828, πορφυρέης 1035 und δορυσσόου 987. Contrahiert werden bloß νούς 1183, νοῦν 350, 898, εὔνουν 641 und χρυσῆς 1293, 1381. Für die beiden letzteren könnte unbedenklich εὔνοον und χρυσέης gesetzt werden.

§ 16. Mit Ausnahme von πόλις behalten die Substantive auf ις wie auch im ionischen Dialect meistens das ι: ὕβριος 40, 1174. Sol. 13, 16. πόσιος 115, 479, 837, 874. βρώσιος 115. στάσιος 1082. βάξιος Mimn. 16. στάσιες 51. πρήξιες 1026. Dagegen πίστιος 1244. πόλεως Xenoph. 2, 9; 22, dafür Schneidewin πόλιος. δόσεις 444.

Die Substantiva auf ος und Adjectiva auf ης contrahieren in den seltensten Fällen: κράτεος 46. κέρδεος 133. οὔρεος 881, ξίφεος Tyrt. 11, 34. ἄνθεος Xen. 1, 6. ἀεικέος 811. μελιηδέος 475. τηλαυγέος 550. πολυάνθεος Mimn. 2, 1. ψεύδους 607. Κυπρογενέος 1304, 1308, 1332, 1382. φιλοκερδέϊ 199. βαθυκήτεα 157. εὐτείχεα 1209. περικαλλέα 1277. ευώδη 830. ἀπειθῆ 1235. ἀδαῆ 1310. ψεύδεα 390, 713. αἴσχεα 388. κέρδεα 50, 835. Sol. 13, 74. ἤθεα 970. ἄλγεα 1189. Sol. 4, 8. 21, 2. δήνεα 222. ἄλσεα 1252. ἔπεα Tyrt. 4, 2. ἄνθεα Mimn. 1, 4. Sol. 4, 36. κήδεα Arch. 9, 1. φάρεα παναλοιργέα Xen. 3, 3. ἔπη 22, 307, 1168, 1366. ἀτερθῆ 1180. ἔτη Tyrt. 5, 4. ἐπέων 755, 1334. Sol. 1, 2. κερδέων 46. τευχέων 951. ὀρέων 1292, Tyrt. 5, 8. στηθέων 1164. εὐτειχέων 1041. βελέων Tyrt. 11, 28. ξιφέων Arch. 4, 3. δυσμενέων Sol. 4, 21. ἐπῶν 1321. εὐγενέας 184. εὐανθεῖς 1200. Ganz anomal ist der Vocativ Κυπρογένη 1323, dafür Bekker Κυπρογενές.

Zu bemerken sind noch die Dativformen πάντεσσι 26, 373. στήθεσσι 387, 507, 899. κτεάτεσσι 559. πλεόνεσσι 522, 800. κοράκεσσι 833. πτερύγεσσιν 1097. φυλάκεσσι 1043. ἄνδρεσσι 306, 897 und ποσσίν 72, 950. Außerdem γήραος 527, Mimn. 2, 6 neben γήρως 174. τοκῆες 263. βασιλῆα 285, βασιλῆι Tyrt. 5, 1. βασιλῆας 4, 3. οὔατα 1163. Ζῆνα 285; Ζηνός Sol. 13, 1; 25. ἀλκί 949.

§ 17. Über das Adjectivum ist nicht viel zu bemerken: καίριος 341, φιλοτήσιος 489, ἀγλαός 985, ἀνεχετός 119 und αὔλειος Sol. 4, 28 werden als Adjectiva zweier Endungen gebraucht. Unter den Comparativ- und Superlativformen sind bemerkenswert: das ionische κρέσσον 218, 618, 631, 996 neben κρείσσων 1074, 1173. λώιον 698, 853. ῥήιον 1370 neben ῥᾷον 429. βέλτερος 92, 866. φίλτερος 788. ἀνιηρότατος 124, 210, 258, 812, 1356. ἰθύτερος 1026. μέσσατος 998. ὕπατος 376. νέατος Sol. 13, 10. κύντατος 904. ὤκιστα 427. ἀρειότερον 548.

Vom Pronomen werden mitunter auch homerische Formen gebraucht. ἐγών 253, 527. ἐμεῦ 957, 1101, 1235. Mimn. 14, 2 neben

ἐμοῦ 100, 262, 697, 1203, 1205, 1240, 1340, 1342 und μου 1366. ἡμέων
253. Sol. 13, 72 neben ἡμῶν 228, 469, ἡμῖν 235, ἡμέας Archil. 9, 7;
ἄμμιν 418, ἄμμι 1273. Neben σοῦ 414, 969, 1239, 1363 und σύ 253,
377, 516, findet sich auch σεῖο 1 und τέθεν 1232. ὕμμι 1104, μιν 195,
293, 310, 935, 1127, 1347 und 1173 von einer Sache. τεῦ 749, 750.
τοί für οἱ 305. τά für ἅ 591. ὅς als demonstrativ 169, 800.

§ 18. Das Augment fehlt selten: ἀείσατε 16, ἄδον 226, ἀλάπαξα
951, ὄλεσσα 831, ἔθελον 606 (?), ὀνείδισας 1115 (libri μ' ὠνείδισας). Für
ὄλεσεν 542 dürfte ὀλέσῃ zu schreiben sein. τέκε 5, ποίησε 123, θῆκε 196,
τίσε 205 (alle, nur A ἔτισε), δόσαν 463, βούλευσεν 1101, γενόμην 1108, τέλει
1290, δῶκε 1319. χαλέπαινεν 897 ist Coniectur von G. Hermann für
χαλεπαίνειν. Zu erwähnen wäre noch ἠμέλλησα 259 und ἤμελλε 906,
welche Form des Augments auch Hesiod, Aristophanes, Kallimachos
und Apollonios Rhod. gebrauchten.

Dagegen finden sich die verschiedensten Flexionsendungen:
μνήσεαι 100, ἔσεαι 884, αἰνήσεαι 991, ἐλεύσεαι 1285, 1333, προφεύξεαι 1299,
βήσεαι 1307, ἔρχεαι 1374 neben ποτήσῃ 238, παρέσσῃ 239, ἔσσῃ 252 (?),
ἔσῃ 1106, 1242, γνώσῃ 1170. πένηαι 929. ἔχεισθα 1316, ᾔσθα 1314, εἴησθα
715. φερόμεσθα 671. ἴῃσι 94. ἐθέλῃσιν 139. εἰκάσσαις 127. ὑπερκορέσαις
1158, ὀρίναις 1295 (?), δικάσσαι 543, ἐπαινήσαι 876. ἕλκεο 30. ἕζεο 32, ἕλκεο
47. φράζεο 100, 557. βούλεο 145, ἔρχεο 331, ἐποίχεο 353, βιάζεο 547. ἐποπίζεο
1297, σκέπτεο 1095, πείθεο 1351, ἔνθεο 1321, ἐφαίνεο 455 neben βούλευ 71,
ἔρχευ 220, ἐντρέπευ 400, βάλευ 1050, πέλευ 1073. ἔκλευ 1313 und εὔχου
129, 171, τρίβου 465, γίγνου 217, 1226, ἐφέπου 217, 1073, βουλεύου 633.
ἄχθου 1032, ἐγένου 454, 1272, ἀντελάβου 1362.

Auch der Infinitiv hat verschiedene Formen neben den atti-
schen: ἐχέμεν 924, ἀειδέμεν 939, πασχέμεν 1009. φυλασσέμεναι 806 ist
Coniectur. θέμεν 845, 846, θέμεναι 152. δόμεν 544, 919. διδόν 1329.
μεταδοῦν 104, vgl. δοῦν aus einem Gedicht des Iambographen Phoinix
bei Athenaeus VIII, 360a. ἤμεν oder εἶμεν 960, dafür G. Hermann
ἔμμεν. τιθεῖν 286. συνιεῖν 565, 1237 (aber ξύνες als Imperativ 1240).
ἴδμεναι 221. τεθνάμεναι 181, Tyrt. 10, 1: Ganz vereinzelt steht die
Form τετράφαται 42

§ 19. Die Verba contracta auf αω haben die gewöhnlichen
attischen Formen: σιγῶ und ähnl. 420, 1337, 1341. ἀπατᾷς 254, 696,
1388. ὁρᾷ 168, 203, 377, 388, 442, 519, 616, 830, 857, 932, 972, 1068,
1143. τιμῶσι 169, 189, 523, 660, 540, 554, 1113, 1185. ὁρῷης 93. ἀμφῷς
107. τολμῶσιν 81. μενοίνα 461, 1029, 1032, 1151. νικάτω 466. σιγᾶν
295, 398, 445, 555, 591, 613, 626, 852, 858, 906, 1220. ζῆν 1156. ὁρῶν
58, 780, 903, 913, 977, 1059, 1110, 1318, 1335, 1375. βοῶντος 887.

ἐχόντι 1329. τελέοντες 59, 1041, 1113. γοῶσα 264. ῥοώσης 1197. ἀνιώμεθα 655. βιᾶται 503. χρῶνται 161, 277. ἀνιώμην 668. ἀνίφτο 1205. πειρῶ 358, 593, 657. βιάσθω 485. ἀγοράσθαι 159, 433.

Die Verba auf εω werden fast immer contrahiert, namentlich wenn dadurch der Laut ει entsteht, während die Laute ε und ο (ω) öfter uncontrahiert bleiben. οἰνοβαρέω 503, δοκέω 552, αἰνῶ 873, οἰκῶ 1210, ἐρῶ 1236. φιλεῖς 88. ἀπολεῖς 36, 245, 1104, ὁμιλεῖς 1377. δοκέει 221, μέν Mimn. 5, 1, aber δοκεῖ und ähnl. 22, 160, 169, 201, 294, 395, 411, 492, 796, 797, 903, 933, 1104, 1255, 1270, 1368. καλοῦμεν 1207. νοεόμεν Sol. 13, 33. στυγέουσι 278. τελοῦσι 142, ζητοῦσιν 684, (πλουτοῦσιν 719, Solon 24, 1). φιλέουσιν 337, 871. πλουτεῦσι Sol. 15, 1. τελέης 1166, νοῇ 1008, ζητέωμεν 1134, ποιέωσιν 738. δοκέοιμι 339, τελέοις 926, ποιοῖς 713, δοκοῖ 310, φιλοῖ 1119. ὁμίλες 37, ἔγχει 487, aber φίλει und ähnl. 31, 63, 75, 89, 352, 597, 1032, 1056, 1165, 1243, 1283. οἰνοχοείτω 473. οἰκεῖν und ähnl. 145, 146, 158, 175, 304, 405, 556, 700, 771, 874, 919, 946, 1092, 1094, 1155, 1258, 1318, 1330, 1345, 1364. φρονέων 27. δοκέων 137, εὐσεβέων 145, 1144, ὀχέων 534. ἀγρυπνέοντα 471, δοκέον 162. φιλέοντες 739, φρονέοντας 827. τελέων Mimn. 11, 3, δοκῶν 138, τελῶν 914, ποθῶν 1251, πλουτεῦντι 1153 (ποιεῦντι 589), φιλεῦντες 385, φωνεῦντες 495, νοεῦντες 737, αἰτοῦσιν 1162. ἐδόκουν 1315, 1381. ἐφίλευν 786. ἠλάστρεις 600. ἔπλες 12. τέλει 1290. ἀλέομαι 575. μυθεῖται 481. αἰδεῖται 482. τελεῖται 617. μυθεῖσθε 493. ἡγέονται 290. μωμεῦνται 369. ἱκνοῦνται Sol. 4, 24. ἀνακοίνεο 73, αἰδέο 1331 (?) αἰδοῦ 1179, ποιοῦ 753. ποιεῦ 61. ποιεῖσθαι 113. μιμεῖσθαι 370. αἰδεῖσθαι 399. ἀρνεῖσθαι 491. μωμεύμενος 169, δηλεύμενος (793), Mimn. 7, 1. πονεύμενον 1359, φορεύμενος Sol. 13, 55.

Von Verbis contractis auf οω kommen nur wenige Formen vor: ἀκοῖ 868, ἀροῦν 582, χολῶτο 325, μαχροῦσθαι 192.

Die Verba auf μι und die unregelmäßigen Verba bieten nur wenige Abweichungen von dem attischen Sprachgebrauch. Außer den schon genannten Infinitivformen bemerke man τιθεῖ 282, διδοῖ 865 und διδοῦσιν 446, 514, 575, 591, 861, 1171.

εἰμί hat neben attischen auch epische Formen: ἔασιν 623, Xenoph. 7, 1. ᾖς 1208. ᾖ 154, 270, 296, 405, 682, 690, 964, 1086, 1238. Kall. 1, 13. Sol. 4, 30. Xen. 5, 4. ἔῃ 466, 1354. ὦμεν 595, 597, 1243. ὤν 92, 98, 102, 407, 516, 666, 668, 1118, 1380. ὄντων 515, 517. παροῦσι 1133, παροῦσας Sol. 4, 9. ἐών 21, 28, 36, 122, 148, 233, 283, 294, 310, 502, 570, 744, 746, 794, 843, 866, 889, 1060, 1079, 1080, 1151, 1208, 1270, 1363, 1368, 1377. Tyrt. 10, 30. Mimn. 3, 1. Sol. 27, 1; 18. Xen. 2, 11. ἐοῦσα 193, 267, 1209. ἔσσεται 802, 1280. Kall. 1, 8. Tyrt. 10, 12. ἐσσόμεθα 1246.

οἶδα hat οἶδας 491, 957. ἤδεα 853. ἴδμεναι 221. εἰδήσω 814. γίγνομαι bildet die Aoristform ἔγεντο, welches außer 202, 436, 640, 661 auch noch bei Hes. Theog. 199, 705. Sappho 16, 1. Pind. Pyth. III, 87. VI, 28. Frg. 124. Kallim. in Del. 147. Pall. lav. 59. Apoll. Rh. I, 1141, IV, 1427. Theokr. 1, 88. 8, 92. 12, 9. 14, 27. 17, 64. Anth. P. VII, 664, 5. Append. 61, 4 vorkommt. Zu erwähnen sind noch ἐλεύσομαι 1285, 1333 und ἤλυθον 711, 1124, 1250.

Praepositionen: ἄν f. ἀνά 839 (119). ἄμπαυμα 343, πάρ 200, 282, 639. διαβολίη 324. ἐνί 99 (530). ποτί 215.

§ 20. Lautveränderungen: ει steht statt ε in εἵνεκα 46, 62, 730, 1202. τεῖο 1. εἰρωτᾷ 519. ξεῖνον 521. ξείνια 522. ὑπειρέχοι 757. εἰνάλιος 576. χρεῖος 1196. εἰαρινοῖς 1276.

οὖ statt ὄ: μοῦνος 130, 222, 696, 772, 1135 [1]), Kall. 1, 21. μούναρχος 52. πουλύν 211, 509. οὐλόμενος 156, 272, 390, 527, 1012, (1021), 1062, 1174. Tyrt. 7, 2. Οὔλυμπος 1136. πουλύπου 215. νοῦσος 274. Mimn. 2, 15. 6, 1. Sol. 13, 37. 24, 10. γούνατα 978. οὖρος 881.

ε für ει in ταχεῶν 715.

αι für α in αἰεί 3, 32, 114, 293, 354, 395, 448, 452, 488, 531, 536 (daneben auch αἰέν 246, 365, 631, 790, 1084, 1149).

αι für ο in χροιή 449 (1017), Mimn. 5, 11. Sol. 27, 6.

ο für ω in ἔρος 1064, 1322.

ω für ο in ὀδώ 955. Διώνυσος 976.

ω für οη νωσάμενος 1298, wie bei Herodot.

η für α in πρήγμα 70, 80, 116, 204, 586, 642, 644, 659, πρῆξις 73, 1026, 1027. ἔπρηξα 553, 661, 953, ἔρρησα 954, σφρηγίς 19, κρητήρ 493, 643, 951. Τηΰγετος 879, ῥηϊδίως und ähnl. εὐεργεσίη. βίη, χώρη, ταμίης und ähnl. 8, 10, 48, 118, 132, 152, 155, 180, 182, 218. ναῦς. νηός. vgl. zu Vs. 84.

Verdoppelt wird π in ὅπποτε 531, 749. Kall. 1, 8, σ in εἰκάσσαις 127, δικάσσαι 543, ἔσσομαι (§ 19), ὀπίσσω 735, ἐγέλασσε 9, ἐτέλεσσα, τελέσσας 953, und den in § 16 genannten Dativformen.

Ihr Schlusssigma werfen ab πολλάκι 128, 137, 259, 402, 423, 639, 665, 855, 972, 1239. παράκι 859. οὕτω 191, 1083, 1349.

§ 21. Außer den schon genannten gibt es noch Wörter und Wortformen, welche dem epischen Dialect entnommen sind, in ziemlicher Anzahl. Es sind darunter viele uncontrahierte, die im attischen Dialect zusammengezogen werden, wie φάος 569, 712. Ποσειδάων 692. σαόφρων 41, 437 (daneben auch σώφρων 431, 454,

---

[1]) 1135 haben alle Handschriften ἀνθρώποις μόνῃ, nur Stobaios ἀνθρώποις μούνῃ, so auch Bergk.

483, 497, 605, 754, 756). ἐτάωσα 831. ἀεργός 1177 (daneben ἀργός 584), ἀέκων 371, 467, 471, 1343, 1379. ἄεθλον 257 (1003), daneben auch ἆθλον (ος) 971, 994, 1014. ἀείρω 90, 238. ἀείδω 4, 16, 533, 825, 939, 943, 993, 1065 (neben ᾄδω 243). ἀοιδή 251, 791. ἠέλιος 168, 252, 426, 569, 616, 712, 850, 997, 1143, 1185. ῥηίδιος 239, 524, 592, 1027, 1034 (daneben ῥηίδη 574 und der ganz unregelmäßige Comparativ ῥηίδιον, wofür andere ῥήιον geschrieben haben). λώιον 524, 690, 853. πατρώιος 521 (neben πατρῷος 887, 1210). χρηίζων 1333 (neben χρῄζων 958). βασιλήρος 1189. Dagegen δήων 552 und ἥρος 777; regelmäßig γῆ, dafür seltener γαῖα 648, 783, 878, 973.

Dem ionischen und epischen Dialect entnommen sind Wörter wie ἀλαλκεῖν, ἀλαπάζω, ἀλιταίνω, ἀμείβομαι, ἀτάρ, δίζημαι, ἐλαστρέω, ἠλίβατος, ἰάλλειν, ἴφθιμος, κέλευθος, κυλίνδω, λάβρος, λάξ, λῆμον, μάκαρ, μόρσιμος, μώνυχες, νήπιος, ὀπίζομαι, ὀπάζω, πεῖραρ, πέλω, πίσυνος, πεπνυμένος, φαεσίμβροτος, ἦμος, τῆμος, ὄφρα, Ἄιδος, die mit den Suffixen φι und θε versehenen Wortgebilde wie θύρηφι 311, Οὐλυμπόνδε 1136, auch Διόθεν 197, κεῖθεν 711.

§ 22. Bezüglich des Inhaltes der Gnomensammlung ist zu bemerken, dass viele der darin ausgesprochenen Gedanken nicht als geistiges Eigenthum des Dichters angesehen werden können, da sie sich auf ältere Gewährsmänner, zumtheil schon auf die 7 Weisen zurückführen lassen, worüber der Commentar genaue Auskunft gibt, vgl. zu 24, 31, 91, 101, 105, 123, 136, 139, 143, 145 u. a. Viele Sprüche waren wohl schon zum Gemeingut geworden und finden sich, wenn auch in wechselnder Form, auch bei späteren Schriftstellern. Aber eines ist Ureigenthum des Theognis, sein aristokratisches Selbstbewusstsein, sein Hass und seine Verachtung des Plebejerthums, sein Zorn über die Demokraten, die die Herrschaft des Adels gestürzt und sich in den Besitz ihres Vermögens gesetzt hatten, sein Groll über die ehrvergessenen Standesgenossen, die sich mit den neuen Gewalthabern abgefunden und sogar zur Verbesserung ihrer Lage in die Familien der Plebejer hineingeheiratet hatten, die er nicht anders nennt als Lumpen (κακοί), sein glühender Rachedurst (349). Dies tritt so auffallend in seinen Dichtungen zutage, dass man derartige Stellen unbedenklich für Theognis in Anspruch nehmen darf, da sich Ähnliches bei keinem anderen Elegiker findet.

Anderseits gibt es auch Stellen, die ganz im Geiste eines Solon oder Mimnermos gehalten sind, so z. B. 197—208, 373—380, 731—742; 527, 28; 877, 78, 1007—1012, wie denn ja auch thatsächlich Bruchstücke beider Dichter in dieser Sammlung sich vorfinden.

Commentar.

1. Der Dichter ruft den dorischen Nationalgott an, vgl. 5, 773, 781, 1119. ὦ ἄνα (Einl. § 8): Die Form ἄνα findet sich dreimal bei Homer neben Ζεύ (Γ 351, Η 233, φ 354), auch sonst nur in Götteranrufungen Hymn. II, 1; 348. Pindar Pyth. 9, 44. 12, 3. Soph. Oed. Col. 1485. Eur. Bacch. 554. Arist. Eqq. 1299. Kallim. in Iov. 8. Apoll. 79. Apoll. Rh. I, 242. II, 213. Anth. Pal. VIII, 79, 9; 89, 3. IX, 91, 1. Daneben auch der Vocativ ἄναξ 5. 773. So wird Apollon schon bei Homer mit Vorliebe genannt Α 36, 75. Η 23, 37. Ι 560. Ο 253. Η 804. Υ 103. Φ 461. θ 323, 339. Hier werden beide Eltern des Gottes genannt, wie Α 9 Λητοῦς καὶ Διὸς υἱός. σεῖο, Einl. § 20.

2. ἀρχόμενος (§ 14). Da ἀποπαύομαι sonst nur in Verbindung mit einem Genetiv in der Bedeutung „von etwas ablassen" gebraucht wird, so schrieb Turnebus ἀναπαυόμενος. Hymn. 21, 4 σέ δ' ἀοιδὸς πρῶτόν τε καὶ ὕστατον αἰὲν ἀείδει. 24, 17 οἱ δέ σ' ἀοιδοὶ ᾄδομεν ἀρχόμενοι λήγοντές τε. Hes. frg. 132, 4 ἀρχόμενοι δὲ Λίνον καὶ λήγοντες καλέουσιν. Dion. Chalkus b. Athen. XV. 702 c (frg. 6 Bergk) τί κάλλιον ἀρχομένοισιν ἢ καταπαυομένοις ἢ τὸ ποθεινότατον. Vgl. Hymn. 9, 8 αὐτὰρ ἐγώ σε πρῶτα καὶ ἐκ σέθεν ἄρχομ' ἀείδειν.

3. σέ Bergk für das handschriftliche τε; es würde aber auch πρῶτόν σε genügen, da das Pronomen in keinem Gegensatz steht, wie Κ 462; vgl. Θ 289. ἐν μέσσοισιν, wird sonst nur nach vorhergehendem Plural gebraucht, vgl. Λ 35, Ν 312, δ 413; es muss also ein solcher hier ergänzt werden.

4. ἀείσω (§ 5) ist eine seltene und jüngere Form, findet sich aber schon bei Sappho frg. 11. Eur. Herc. fur. 681. Theokr. 22, 135. Kallim. in Dian. 186. in Del. 1 (?) Oppian Kyn. II, 156. III, 83. Pseudohom. Epigr. bei Suidas unter Ὅμηρος. Anth. Pal. VII, 152, 1. Stob. 5, 72. 41, 9 (Pythagoras?). ᾄσω bei Plat. Leg II, 666 D (664 C ᾄσομαι). Cobet conjicierte ὑμνήσω. Bergk möchte gern ἀείδω schreiben, vgl. Herwerden Animadv. in Theognidem pg. 1. Wenn schon durchaus geändert werden müsste, so wäre vielleicht ἄσομαι· ἀλλὰ σύ μοι vorzuziehen. μοι (mit 2 Handschriften, die anderen μευ) neben κλῦθι, wie 13. Solon 13, 2. Orph. Hymn. 1, 1. 59, 1. Krates 1, 2. ἀλλὰ οἱ οὔ τι ἔκλυον Qu. Sm. 11, 271. οἱ δὲ θυγατρὶ φίλῃ μάλα μὲν κλύον ἠδ' ἐπίθοντο Hes. Theog. 474. λισσομένῳ ὑπάκουσον Orph. Arg. 83. δέ μοι ὑπάκουσε Arg. 1004. δύνασαι δὲ σὺ πάντοσ' ἀκούειν ἀνέρι· κηρομένῳ Η 516 ἀνηκουστήσαντες τοῖσι στρατηγοῖσι

Herod. VI, 14. ἐσθλά, Hymn. 15, 9; 20, 8 δίδου δ᾿ ἀρετήν τε καὶ ὄλβον. Hymn. 11, 5 δὸς δ᾿ ἄμμι τύχην εὐδαιμονίην τε.

6. Zwischen ῥαδινῆς und ῥαδινῆς schwanken die Handschriften, deren Schreibweise hier keinen Ausschlag gibt (§ 15). ῥαδινή als Beiwort zu χείρ steht 1002, Apoll. Rh. III, 106 und Theokr. 17, 37. Dass φοῖνιξ, obwohl überwiegend männlich, doch auch als Femininum gebraucht wird, ist zu ersehen aus Herod. I, 193. Theophr. Hist. Plant. I, 13, 5. II, 6, 6. Das Vorbild des Dichters war hier Hymn. 1, 117 ἀμφὶ δὲ φοίνικι βάλε πήχεε, γοῦνα δ᾿ ἔρεισε λειμῶνι μαλακῷ, μείδησε δὲ γαῖ᾿ ὑπένερθεν. Des Palmbaums auf Delos erwähnt schon Homer ζ 162, 163; auch Kallimachos in Del. 210. Vgl. Aelian Var. Hist. V, 4.

7. τροχοειδεῖ λίμνῃ, vgl. Herod. II, 170 λίμνη, ὅση περ ἡ ἐν Δήλῳ τροχοειδὴς καλεομένη. Kallim. in Del. 261 τροχόεσσα λίμνη. Schol. zu Kall. in Apoll. 59 περιηγέος: κυκλοτεροὺς· οὕτω γὰρ στρογγύλη λίμνη ἐν Ὀρτυγίᾳ (Δήλῳ) καλεῖται. Orakel b. Herod. VII, 140 πόλιος τροχοειδέος ἄκρα κάρηνα. Ein Wasser, womit die Göttinnen (93 ff.) den neugeborenen Apollon wuschen, wird auch Hymn. I, 120 erwähnt.

8. ἐπλήσθη ὀδμῆς, wohl von aufsprossenden Blumen zu verstehen. ἀπειρεσίη (2 Mss. ἀπειρεσίης), endlos, nicht wegen ihrer Größe (wie Υ 58 γαῖαν ἀπειρεσίην, α 98 ἀπείρονα γαῖαν), sondern wegen ihrer kreisförmigen Gestalt, vgl. Schol. Hom. Il. Ξ 200 ὁμοίως δὲ καὶ Αἰσχύλος (frg. 407) τὰς ἐν κύκλῳ ἑστώσας ἐν ἀπείρονι σχήματί φησιν ἵστασθαι:

„ὑμεῖς δὲ βωμὸν τόνδε καὶ πυρὸς σέλας
κύκλῳ περίστητ᾽, ἐν λόγῳ τ᾽ ἀπείρονι
εὔξασθε."

Dieses Fragment erwähnt auch Schol. E zu α 98 und außerdem eines aus Aristophanes Danaid. (frg. 247) „δακτύλιον χαλκοῦν φέρειν ἀπείρονα".

9. ἐγέλασσε (erglänzte) δὲ γαῖα, wie Τ 362 γέλασσε δὲ πᾶσα περὶ χθών und an den von mir dort citierten Stellen Hymn. 5, 14. Hes. Theog. 40. Apoll. Rh. IV, 1171. Quint. Sm. 6, 3. Daselbst auch Beispiele von *ridere* aus lateinischen Dichtern. γαῖα (im weitesten Sinne, nicht bloß von Delos zu verstehen) πελώρη, auch bei Quint. Sm. 6, 335 als Versschluss.

J. La Roche.

EINUNDVIERZIGSTER

JAHRESBERICHT

DES

KAIS. KÖN. STAATS-GYMNASIUMS

ZU LINZ

FÜR DAS

SCHULJAHR 1892.

Inhalt:

1. *Studien zu Theognis.* (Fortsetzung.) Vom *Director.*
2. *Schulnachrichten* vom Jahre 1892. Vom *Director.*

LINZ 1892.
VERLAG DES K. K. STAATS-GYMNASIUMS.
K. U. K. HOFBUCHDRUCKEREI JOS. FEICHTINGERS ERBEN.

Studien zu Theognis.

Commentar.
(Fortsetzung.)

10. πόντος ἁλὸς πολιῆς gebraucht der Dichter auch 106 und vor ihm Homer Φ 59; ebenso Nicand. Ther. 822. Anth. Pal. IX, 808, 7. Ähnlich ἁλὸς ἐν πελάγεσσι ε 335. Hymn. 1, 73. 33, 15. Archil. frg. 11. Poseidippos b. Athen. XIII, 596 d. Apoll. Rh. III, 349. πέλαγος ἁλός Eurip. Troad. 88. πέλαγος θαλάσσης Apoll. Rh. II, 608.

11. θηροφόνη, als Jägerin, vgl. Φ 485, ζ 102. Bei Homer hat Artemis dieses Beiwort nicht, dafür aber das ähnliche ἰοχέαιρα und Φ 470 πότνια θηρῶν, die Herrin des Wildes. Hymn. 27, 2 ἐλαφηβόλος.

12. εἴσατο (errichtete), nämlich die Bildsäule der Göttin, in dem von ihm gestifteten Tempel. Vgl. Pausan. I, 43, 1 Ἀρτέμιδος ἱερόν, ὃ Ἀγαμέμνων ἐποίησεν. Schol. Arist. Av. 873 τὴν ὠγαμέμνων ὡς ὁ μῦθος εἴσατο (Kallimachos). Kallim. in Del. 309 ἥν ποτε Θησεὺς εἴσατο. Pind. Pyth. IV, 204 ἔνθ' ἁγνὸν Ποσειδάωνος ἔσσαντ' εἰναλίου τέμενος.

13. μοι, wie 4. ἀπὸ κῆρας ἄλαλκε (vgl. 767), auch Artemis ist ἀλεξίκακος wie ihr Bruder Apollon. Anth. Pal. VI, 240 Ζηνὸς καὶ Λητοῦς θηροσκόπε τοξότι κούρη, Ἄρτεμις . . . . . νοῦσον τὴν στυγερὴν αὐθήμερον ἐκ βασιλῆος πέμψαις.

14. σμικρόν, eine Kleinigkeit; μέγα, etwas Bedeutendes, nach dem Homerischen Satze θεοὶ δέ τε πάντα δύνανται κ 306. ἀλλὰ δύνανται γὰρ πάντα οἱ θεοί Luk. 66, 28. *facile est omnia posse deo* Ovid Ars amat. I, 562. *unum (quid tam magnum? addens) unum me surpite morti, dis etenim facile est, orabat* Horaz Serm. II, 3, 283.

15. Die Musen sind Töchter des Zeus und der Mnemosyne (Hes. Th. 915), die Chariten des Zeus und der Eurynome, der Tochter des Okeanos (Hes. Th. 907). Die Namen der letzteren sind Aglaie, Euphrosyne und Thalie; Homer kennt nur den Namen einer einzigen und nennt sie Pasithee Ξ 276. Nach dem Hymn. 27, 13

geht Artemis, wenn sie sich an der Jagd erfreut hat, nach Delphi in den Tempel ihres Bruders, um dort mit den Musen und Chariten Reigentänze aufzuführen. Κάδμον ἐς γάμον, mit der Harmonia, der Tochter des Ares und der Aphrodite. Auch bei der Hochzeit des Peleus mit der Thetis waren die Götter als Gäste zugegen Ω 62.

16. καλόν, wegen der Quantität vgl. Einl. § 5.

17. Eur. Bacch. 881 und 901 ὅ τι καλὸν φίλον ἀεί. Phoen. 821 οὐ γάρ ὃ μή καλὸν οὔποτ᾽ ἔφυ φίλον (so Valckenaer für das handschriftliche καλόν). Platon Lysis 216 E κινδυνεύει κατὰ τὴν ἀρχαίαν παροιμίαν τὸ καλὸν φίλον εἶναι. οὐ καλόν (= αἰσχρόν) ist ein Begriff, denn sonst müsste μή stehen wie in der Stelle des Euripides.

18. ἦλθε διὰ στομάτων, kam aus dem Munde. Arist. Av. 220 διὰ δ᾽ ἀθανάτων στομάτων χωρεῖ. Anth. Pal. VIII, 25, 2 οὐδὲ διὰ στομάτων ἦλθε βέβηλον ἔπος. Platon Rep. V, 463 E und Pindar frg. 238 (Boeckh) διὰ στομάτων φθέγγεσθαι. Plat. Phileb. 17 B φωνὴ διὰ στόματος ἰοῦσα. Apoll. Rhod. III, 793 με διὰ στόματος φορέουσαι. Xen. Kyr. I, 4, 25 und Anth. Pal. XI, 218, 2 διὰ στόματος ἔχειν. Theokr. 12, 21 und Appian Pun. 134 διὰ στόματος εἶναι. Arist. Av. 211 διὰ στόματος θρηνεῖς. Eurip. Andr. 95 ἀνὰ στόμα καὶ διὰ γλώσσης ἔχειν. Ξ 91 μῦθον διὰ στόμα ἄγεσθαι. Aisch Sept. 579 λέγει ἔπος διὰ στόμα. Eur. Orest. 103 ἀναβοᾷ διὰ στόμα. Arist. Lys. 855 ἡ γυνή σ᾽ ἔχει διὰ στόμα. Β 250 und Xen. Hieron 7, 9 ἀνὰ στόμα ἔχειν. Eur. El. 80 θεοὺς ἔχων ἀνὰ στόμα.

Nach diesem Verse fehlt mindestens ein Distichon, worin der Dichter die Göttinnen bittet, seiner Dichtung Kraft und Anmuth zu verleihen. Auch Leutsch glaubt, dass hier ein Distichon ausgefallen sei, aber aus einem anderen Grunde, nämlich zur Erklärung von διὰ στομάτων.

19. σοφιζομένῳ, von den weisen Lebensregeln zu verstehen, welche der Dichter seinem Zöglinge ertheilt. σφραγὶς ἐπικείσθω (soll angelegt, aufgedrückt sein), damit keiner der Sprüche verloren gehe. Anth. Pal. X, 42, 1 ἀρρήτων ἐπέων γλώσσῃ σφραγὶς ἐπικείσθω (Lukian). Kritias 4, 3 σφραγὶς δ᾽ ἡμετέρης γλώσσης ἐπὶ τοῖσδεσι κεῖται.

20. λήσει (τὰ ἔπη) κλεπτόμενα, die Gedichte werden dir nie heimlich entwendet werden können. Plat. Parmen. 128 D ὑπὸ νέου ὄντος ἐμοῦ ἐγράφη, καί τις αὐτὸ ἔκλεψε γραφέν.

21. ἀλλάξει κάκιον τοῦ ἐσθλοῦ παρεόντος (kein genet. absol., sondern von ἀλλάσσειν abhängiger Genetiv), keiner wird den guten Spruch, den du in Verwahrung hast, mit einem schlechteren vertauschen können. Der Dichter fürchtet sich also vor literarischen Fälschungen, die schon in früher Zeit z. B unter Peisistratos vor-

kamen, vgl. Herod. VII, 6. Pausan. I, 22, 7. Suidas unter Ὀρφεύς. **Clemens** Alex. Strom. I, 21. Sextus Emper. adv. Mathem. IX, 361.

22. ὧδε δὲ πᾶς τις ἐρεῖ (so die besseren Mss. statt πᾶς ἐρέει, vgl. 621) erinnert an das Homerische ὥς ποτέ τις ἐρέει (Z 462) oder καί ποτέ τις εἴπησιν (Z 459). Θεόγνιδος (Θεόγνιδος Xenoph. b. Stob. 88, 14), vgl. Θεογένει Poseidippos b. Athen. X, 412 e. Anth. Pal. VII, 543, 2. Θεόπομπος Anth. P. VII, 231, 3. Θεόδωρος VII, 426, 3. Θεόδοτος VII, 527, 1. 596, 2. Anth. Plan. 291, 2. Append. 200, 2. Θεοδόσιος Anth. P. VIII, 1, 2. IX, 682, 2. 690, 1. Anth. Plan. 65, 2. Κλεόμβροτος Pausanias b. Athen. XII, 536 b. Κλεόδικος Anth. P. VII, 483, 3; 6. Κλεόβοτος VI, 153, 2. Κλεόβουλος **Anakreon** 2, 9. 3, 1; 2; 3. Λευκογίδαν Timokreon 1, 2. Wie Herodot und Thukydides sich im Anfange ihrer Geschichtswerke nennen, um, wie Krüger bemerkt, ihr Eigenthumsrecht sicherzustellen, so nennt sich auch der Dichter selbst im Prooemium zu seinen Gedichten, vgl. Demodokos 1. Phokyl. 1. 3—6. Hipparch 1. 2. Hesiod Theog. 22.

23. κατ᾽ ἀνθρώπους hätte keinen Anstand erregen dürfen, weil Homer meistens ἐπ᾽ ἀνθρώπους hat (α 299, γ 252, τ 334, ψ 125, ω 94, 201, K 213, Ω 202, 534, Theogn. 75), denn auch dieses **kommt vor** ο 276 κατ᾽ ἀνθρώπους ἀλάλησθαι. ρ 362 πόρνα **κατὰ μνηστῆρας ἀγείροι.** K 117 κατὰ πάντας ἀριστῆας πονέεσθαι. Pind. Ol. I, 117 πρόφαντον σοφίᾳ καθ᾽ Ἕλλανας ἐόντα. α 344 καθ᾽ Ἑλλάδα καὶ μέσον Ἄργος. φ 107 κατ᾽ Ἀχαιίδα γαῖαν. ὀνομαστός (ὤν) ist concessiv.

24. Die Schreibweise der Handschriften ὀνομαστός· ἀστοῖσιν δ᾽ οὔπω **hat** mit Recht Anstoß erregt; unter den verschiedenen Besserungsvorschlägen ist der von Ahrens ἀστοῖσιν δὴ οὔπω der einfachste und auch der Überlieferung am nächsten kommende. Bergk **schreibt** ἀστοῖς τοῖσδ᾽ οὔ πω, welches ich vorziehen würde, wenn nicht πᾶσιν dabeistünde. An οὔ πω **scheint niemand** Anstoß genommen zu haben: allerdings finden sich auch noch Stellen im Homer, wo es für οὔ πως steht; **dieselben lassen sich** aber alle bessern, zumtheil **auf** Grund handschriftlicher Überlieferung, wie z. B. ϑ 538, ι 102, π 161, vgl. adnot. crit. ad ϑ 538. ἀδεῖν. es recht machen, wie 368, 802, wo derselbe Gedanke ausgesprochen ist. Solon 7 **πᾶσιν** ἀδεῖν χαλεπόν. Bias b. Diog. Laërt. I, 5, 5 ἀστοῖσιν ἄρεσκε πᾶσιν. Pittakos πᾶσιν ἀρέσκειν θέλε. Thales ἐπαινοῦ παρὰ πᾶσιν. **Dass Theognis bei den** demokratisch gesinnten Stadtbewohnern wenig Anklang fand, ist begreiflich.

26. πάντεσσ᾽ hat die beste Handschrift, die übrigen πάντας oder πάντως, Einl. § 4. ἀνέχων, wenn er innehält, aufhört, in dieser Bedeutung selten.

27. Vgl. 1049. σοὶ δ' ἐγὼ ἐσθλὰ νοέων ἐρέω Hes. Op. 286. εὖ φρονέων und ὑποθήσομαι hat schon Homer α 279, β 194, ε 143, ο 309.
28. ἀγαθῶν, bei Theognis die Aristokraten (auch ἐσθλοί); κακοί die Gemeinen, die Plebejer. Phokyl. 13 χρὴ παῖδ' ἔτ' ἐόντα καλὰ διδάσκειν ἔργα. Sept. Sap. b. Stob. 3, 80 νεώτερον διδάσκε.
29. πέπνυσο schrieb Bergk für das überlieferte πέπνυσο aus metrischen Rücksichten. Ähnliche Formen sind δαίνυο Ω 63 (mit d. Note); ἔσσυο ΙΙ 585, ι 447; μάρναο Ο 475, ΙΙ 497. Für ἴσταο schrieb Aristarch ἴσταο, vgl. Hom. Textkr. 292. ἐπ' ἔργμασι, auf Grund von Handlungen, wie ἐπὶ ῥηθέντι δικαίῳ χαλεπαίνειν ο 414, υ 322. ἔργμα findet sich bei Homer noch nicht, aber schon bei Hes. Op. 801. Theog. 823. Hymn. 27, 20. 29, 12, bei Aischylos und häufig bei Pindar und Theognis. Von den vier μηδ' dürften die drei letzten in μήτ' zu ändern sein, vgl. 165. Eurip. b. Stob. 10, 26 κακοῖς τὸ κέρδος τῆς δίκης ὑπέρτερον.
30. ἀρετάς, Auszeichnungen, Wohlergehen, vgl. Ameis zu ν 45. ἕλκεο, suche an dich zu reißen, zu erlangen, in dieser Bedeutung nur hier. Kallim. in Jov. 94 δίδου δ' ἀρετήν τ' ἄφενός τε.
31. ἴσθι, merke dir, präge dir ein, behalte im Gedächtnis, wie Pyth. aur. carm. 9 und ταῦτα δὲ πάντα ἴσθι λ 224. κακοῖσι, vgl. 1165. Solon b. Diog. L. 1, 2, 12 und Stob. 3, 79 μὴ κακοῖς ὁμίλει. Eur. b. Stob. 93, 6 μὴ ὁμιλοίην κακοῖς. Eur. frg. 809 ὅστις ὁμιλῶν ἥδεται κακοῖς ἀνήρ, οὐ πώποτ' ἠρώτησα, γιγνώσκων ὅτι τοιοῦτός ἐσθ' οἵοις περ ἥδεται ξυνών. frg. 7 κρεῖσσον δὲ πλούτου καὶ βαθυσπόρου χθονὸς ἀνδρῶν δικαίων κἀγαθῶν ὁμιλίαι. Praxilla 3, 2 τῶν δειλῶν ἀπέχου. Eur. b. Stob. 86, 8 κακοὺς ἀποπτύωμεν, ὥσπερ ἄξιοι.
32. ἔχεο (halte dich an sie), schließe dich an. Vgl. 1165. Praxilla 3, 1 τοὺς ἀγαθοὺς φίλει.
34. ἄνδανε, suche (strebe) zu gefallen, conativ. δύναμις Geltung, Wert, Einfluss (?) (wie es bei den Aristokraten der Fall ist), vgl. 412. Nach Stoll soll δύναμις den geistigen Wert und Gehalt bedeuten. Chilon πλήθει μὴ ἄρεσκε.
35, 36. Dieses Distichon wurde von den Alten viel citiert (vgl. Bergk), darunter auch von Xenophon Mem. I, 2, 20 und Platon Menon 95 D (Θέογνις ἐν τοῖς ἐλεγείοις), welche beide mit Stob. 29, 95 διδάξεαι für das handschriftliche μαθήσεαι haben, welches letztere einer Glosse aufs Haar ähnlich sieht. Zum Gedanken vgl. Eur. frg. 612 ὁ γὰρ ξυνὼν κακὸς μὲν ἢν τύχῃ γεγώς, τοιούσδε τοὺς ξυνόντας ἐκπαιδεύεται, χρηστὸς δ' ὁ χρηστός· ἀλλὰ τὰς ὁμιλίας ἐσθλὰς διώκειν ὦ νέοι σπουδάζετε.
36. συμμίσγῃς, umgehst, dich einlässt, mit intransitiver Bedeutung, wie 1165, Herod. II, 64, Arist. Eccl. 516; man braucht

daher kein χρῆμα zu ergänzen (vgl. 64). Bei Homer steht in dieser Bedeutung stets das Passiv, so auch hier ein Theil der Mss. συμμιχθής. ἐόντα, den (bisher) vorhandenen. νόον von der guten, verständigen Gesinnung.

39. κύει (vgl. 1081), geht schwanger, befindet sich in Geburtswehen, als Object ergänze man ἡγεμόνα. Vom Simplex hat Homer nur die Form κυέω. πόλις ἥδε. wie 52, 53, 56, 541, 604, 757, 776, 782, 855, 1081.

40. εὐθυντῆρα, *rectorem*, nach anderen = κολαστήν, vgl. dagegen 1082 ἡγεμόνα στάσιος. Es wird ein Mann kommen, der sich an die Spitze der Aufrührer stellt und sich zum Tyrannen aufwirft, vgl. 51 f.

41. Vgl. 53. οἶδε, die hiesigen, wie 61, 283, vgl. τῶνδε πολιτῶν 455. σαόφρονες, besonnen, gemäßigt, schon zweimal bei Homer ebenso wie σαοφροσύνη. ἡγεμόνες, die Demagogen.

42. τετράφαται, haben sich dazugewandt, d. h. sich dazu entschlossen, es soweit gebracht, mit dem Infinitiv wie ι 12 σοὶ δ' ἐμὰ κήδεα θυμὸς ἐπετράπετο στονόεντα εἴρεσθαι. Eine derartige Perfectform findet sich bei Theognis nur hier, dieselbe Platon Rep. VII, 533 B.

43. ὤλεσαν, gnomischer Aorist, wie 137, 138, 144, 151, 189, 190, 202, 205, 206, 207, 226 u. a. Soph. Ai. 1081 ὅπου δ' ὑβρίζειν δρᾶν τ' ἃ βούλεται παρῇ, ταύτην νόμιζε τὴν πόλιν χρόνῳ ποτὲ ἐξ οὐρίας δραμοῦσαν εἰς βυθὸν πεσεῖν.

44. ὑβρίζειν, ausschreiten, ausarten, die Bahn des Gesetzes verlassen.

45. φθείρωσιν *(corrumpant)* durch Verleitung zum Ungehorsam. δίκας, die Rechtsentscheidungen, die Rechtspflege, die bisher in den Händen der Aristokraten gelegen war. διδῶσιν, übertragen. Besser wäre φθείρουσι und διδοῦσιν und bei 47 ein neuer Anfang.

46. οἰκείων, ἰδίων.

47. κείνην, τοιαύτην. ἀτρεμίεσθαι (besserte Bergk für das handschriftliche ἀτρεμέεσθαι) *pacem agituram*, Gegensatz im Vs. 51. Soph. Phaidra b. Stob. 43, 5 οὐ γάρ ποτ' ἂν γένοιτ' ἂν ἀσφαλὴς πόλις. ἐν ᾗ τὰ μὲν δίκαια καὶ τὰ σώφρονα λάγδην πατεῖται, κώτιλος δ' ἀνὴρ λαβὼν πανοῦργα χειροῖν κέντρα κηδεύει πόλιν.

48. κεῖται, sich befindet, wie 240, 320, 555, 632, 646, 845. πολλῇ. in tiefem Frieden.

49. φίλα γένηται *(placeat)*, zur Gewohnheit wird, wie Δ 372, ν 295, ρ 15. ταῦτα anticipiert das folgende κέρδεα.

50. ἐρχόμενα, die heranschreiten, verbunden sind. δημοσίῳ σὺν κακῷ, mit dem Unglück des Volkes, dem allgemeinen Verderben.

— 8 —

Der Ausdruck κακόν ἔρχεται τινι findet sich wiederholt bei Homer, ϑ 307 u. a.

51. ἐκ τῶν γάρ, besser wäre ἐκ γάρ τῶν. ζ 29 ἐκ γάρ τοι τούτων φάτις ἀνθρώπους ἀναβαίνει. ἔμφυλοι (ο 273 ἐμφύλον), andere ἐμφύλιοι. Vgl. Herod. III, 82 ἐξ ὧν στάσεις ἐκγίνονται, ἐκ δὲ τῶν στασίων φόνος, ἐκ δὲ τοῦ φόνου ἀπέβη εἰς μουναρχίην. Flav. Jos. Ant. XVIII, 1, 1 ἐξ ὧν στάσεις τε ἐφύησαν, δι' αὐτὰς δὲ φόνος πολιτικός, ὁ μὲν ἐμφυλίοις σφαγαῖς, ὁ δὲ τῶν πολεμίων. Demokrit bei Stob. 43, 34 στάσις ἐμφύλιος ἐς ἑκάτερα κακόν καὶ γὰρ νικέουσι καὶ ἡσσομένοισι ὁμοίη φθορή.

52. μούναρχος (Einl. § 20) findet sich schon bei Solon 9, 3 und Herodot III, 80; 82. V, 46. VI, 23. Pind. Pyth. IV, 152 u. a. Eur. Suppl. 429 οὐδὲν τυράννου δυσμενέστερον πόλει. τῇδε ἄδοι, § 8.

53. λαοί, die Bewohner. ἄλλοι, Prädicat. Vgl. 1109 οἱ πρόσθ' ἀγαθοὶ νῦν αὖ κακοί, οἱ δὲ κακοὶ πρὶν νῦν ἀγαθοί.

54. οὔτε δίκας ᾔδεσαν, vgl. ι 215, wo es von dem Kyklopen heißt οὔτε δίκας εὖ εἰδότα οὔτε θέμιστας. Vgl. zu 45.

55. δορὰς αἰγῶν, nach dorischer Sitte, wie auch die Heloten in Sparta den Schafspelz (διφθέρα) trugen. κατέτριβον (§ 12), abwetzten, abnützten, wie es bei Platon Phaidon 87 C von abgenützten Kleidern gebraucht wird.

56. ἔλαφοι, zur Bezeichnung ihrer Feigheit, wie Δ 243, Ν 102, Φ 29, Χ 1. Dazu stimmt auch der absichtlich gewählte Ausdruck ἐνέμοντο (lebten, sich aufhielten). πόλιος (Einl. § 16) zweisilbig mit Synizese, vgl. 188, 290, 550, 559.

57. ἀγαθοί, insofern sie die Regierungsgewalt in den Händen haben. Vgl. Soph. b. Stob. 43, 6 ὅταν οἵ τ' ἀγαθοὶ πρὸς τῶν ἀγενῶν κατανικῶνται, ποία πόλις ἂν τάδ' ἐνέγκοι; Eur. b. Stob. 91, 23 οἱ δ' οὐδὲν ἦσαν πρόσθεν, ὄλβιοι δὲ νῦν, δόξαν φέρονται τοῦ νομίσματος χάριν.

58. δειλοί, die unterdrückten. ἀνέχοιτ' (geduldig) ἐσορῶν, wie π 277 οὐ δ' εἰσορόων ἀνέχεσθαι.

59, 60 fast gleich 1113, 1114. γελᾶν ἐπί τινι, vgl. Β 270, υ 358, 374, ψ 376. Ist im Vs. 60 ἀγαθῶν u. κακῶν männlich oder sächlich? und soll damit gesagt sein, dass den zur Macht gekommenen Plebejern die Menschenkenntnis fehlt, oder dass sie sich zwar nicht mehr so plebejisch benehmen und sich ein vornehmes Ansehen geben (in Tracht und Lebensweise), dass ihnen aber doch die wahre adelige Gesinnung abgehe?

61. ποιεῦ (§ 19) mache dir zum Freunde.

62. ἐκ θυμοῦ, von Herzen, aus innerer Neigung, wie Ι 343, 486. χρείης, eines Bedürfnisses wegen, weil du sie irgendwie brauchst. μηδεμιῆς = τινός, der vorangehenden Negation assimiliert.

63. δόκει, gib dir den Anschein, stelle dich. ἀπὸ γλώσσης, deinen Worten nach, vgl. 979 μή μοι ἀνὴρ εἴη γλώσσῃ φίλος ἀλλὰ καὶ ἔργῳ.

64. χρῆμα συμμίξῃς μηδενί, lass dich mit keinem in ein ernstliches Geschäft (Verhältnis) ein. Herod. VIII, 58 ἔφη ἐθέλειν οἱ κοινόν τι πρῆγμα συμμίξαι (vereinbaren).

65. ὀιζυρῶν, jämmerlich, erbärmlich, in dieser moralischen Bedeutung nur hier; anders bei Homer. φρένας, Denkweise, Sinnesart, Charakter.

66. ἔπ' = ἔπεστι, ist vorhanden, bei ihnen zu finden, vgl. Γ 45, ϑ 563, λ 367.

67. πολυπλοκίας, Ränke, Arglist, das Substantiv nur hier, dagegen das Adjectiv πολύπλοκος häufig, in der Bedeutung verwickelt und auch verschlagen. ἐφίλησαν, haben lieb gewonnen, kein gnomischer Aorist.

68. μηκέτι σωζόμενοι, denen nicht mehr zu helfen ist, die dem Untergange verfallen sind, vgl. 235. Platon Theaet. 176 D ἄνδρες οἵους δεῖ ἐν πόλει τοὺς σωθησομένους. Ähnlich wird auch das Particip ἀπολόμενος gebraucht.

69. Das überlieferte βούλευ ist verdächtig, vgl. § 7.

70. σπουδαῖον, wie 65. τελέσαι, ins Werk setzen, ausführen.

71. μετ' ἐσθλὸν ἰών, begib dich in die Gesellschaft eines Edlen, suche dir einen Edlen auf, wie γ 366 μετὰ Καύκωνας εἶμι. δ 258 ἤλθε μετ' Ἀργείους. ζ 54, ϑ 294, 456, Λ 222, Ο 54, 161, 177. Vielleicht besser μετ' ἐσθλοῦ ἐών, in Gemeinschaft mit einem Edlen. βούλευ, ziehe es vor, zu Λ 112. Ich halte die Stelle für verdorben und möchte lieber geschrieben sehen βουλεύεο, πολλὰ μογήσας . . . . . ἐκτελέσας, d. h. suche dir lieber unter Beschwerden einen tüchtigen Berather, scheue keine Anstrengung, um einen guten Rathgeber zu finden. So hat, wie ich nachträglich sehe, Hiller, ohne Angabe, von wem die Besserung ist.

73. πρῆξιν, ein Unternehmen. ἀνακοίνεο (theile mit, vertraue an), bezüglich der Form vgl. Ilias Einl. § 10. Ebenso αἴδεο 1331, Φ 74, Χ 82, χ 312, 344. An Besserungsvorschlägen zu dieser Stelle fehlt es nicht: Bergk φίλοις ἀδόλως u. ἀνακοινοῦ ἅπασιν, Jacobs ὅμως, Brunck ὁμῶς, und in der That ist ὅλως bedenklich.

74. Vgl. 698 παῦροι πιστὸν ἔχουσι νόον. Pittakos b. Stob. 3, 79 μὴ πᾶσι πίστευε. πολλῶν ist partitiver Genetiv; Hecker παῦροί γ' ἐκ πολλῶν.

75. ἐπιχειρέω wird regelmäßig mit dem Dativ, bisweilen auch mit dem Accusativ und einer Präposition verbunden, wie Thuk. VII, 21, 2 ἐπιχειρήσειν πρὸς τοὺς Ἀθηναίους. Plat. Menex. 241 D ἐπιχειρήσων ἐπὶ τοὺς Ἕλληνας, mit dem bloßen Accusativ nur hier.

76. ἀνίην (§ 5), Trübsal.

77. Dieses Distichon erwähnt Platon Leg. I, 630 A mit dem Beisatz Θέογνις πολίτης τῶν ἐν Σικελίᾳ Μεγαρέων. ἀντερύσασθαι, aufgewogen zu werden. Im Griechischen braucht in derlei Verbindungen nicht das Passiv zu stehen, vgl. χ 305, π 402, Σ 258, Ψ 655, Ω 244. Der Ausdruck findet sich schon bei Homer X 351 οὐδ᾽ εἴ κέν σ᾽ αὐτὸν χρυσῷ ἐρύσασθαι ἀνώγοι Δαρδανίδης Πρίαμος. Eur. Orest. 1155 οὐκ ἔστιν οὐδὲν κρεῖσσον ἢ φίλος σαφής. Anth. Pal. X, 39, 1 θησαυρὸς μέγας ἔστ᾽ ἀγαθὸς φίλος.

78. διχοστασίη Zwietracht, Uneinigkeit, so schon bei Solon 4, 38 παύει δ᾽ ἔργα διχοστασίης. Anth. Plan. 56, 6 παῦσε διχοστασίην. Plutarch Nik. 11, Alex. 53 ἐν δὲ διχοστασίῃ καὶ ὁ πάγκακος ἔλλαχε τιμῆς.

79. ἄνδρας ἑταίρους, wie 95, II 170, P 466, θ 584. Vgl. 645 παύρους κηδεμόνας πιστοὺς εὕροις κεν ἑταίρους. 415. Eur. Orest. 727 πιστὸς ἐν κακοῖς ἀνὴρ κρείσσων γαλήνης ναυτίλοισιν εἰσορᾶν. 721 ἄφιλος ἦσθ᾽ ἄρ᾽ ὦ πάτερ πράσσων κακῶς.

80. ἐν χαλεποῖς πρήγμασι, in schwieriger Lage. γιγνομένους, so ist überall zu schreiben, obwohl die besseren Handschriften die neujonische und gemeingriechische Form γίνομαι und γινώσκω haben, vgl. Hom. Textkr. 290.

81. τολμῷεν, die sich dazu herbeiließen, bereit fänden. ὁμόφρονα θυμὸν ἔχοντες, auch X 263, Hymn. 3, 391 als Schluss eines Hexameters.

82. ἴσον (§ 5), in gleicher Weise, gleichmäßig.

83. Die Mss. haben τούτους οὐχ εὕροις, dafür Bergk οὐ τόσσους χ᾽, v. d. Mey τούτους ὅ χ᾽ εὕροις, Clemm τόσσους ὅ χ᾽ εὕροις, Ziegler τοὺς δ᾽ οὐχ εὑρήσεις. Die Lesart der Handschriften genügt vollkommen, wenn man ὅ χ᾽ für οὐχ setzt. ἐπὶ πάντας ἀνθρώπους, auf der ganzen Welt, vgl. zu Vs. 23.

84. ναῦς, die Handschriften haben hier 856 u. 1361 theils ναός, theils νηός, aber 680 ναῦν, 513 νηός u. 12 νηυσί. Eine sichere Entscheidung ist unmöglich. ἄγοι, trüge, die darauf Platz hätten. Der Optativ, wie ihn die drei besten Mss. haben, ist dem Optativ des Hauptsatzes assimiliert. ἄγειν, vom Schiffe gebraucht, findet sich schon bei Homer ψ 9, ω 299. Buchholz verweist auf Υ 247 οὐδ᾽ ἂν νηὸς ἑκατόζυγος ἄχθος ἄροιτο.

85. ἕπεσσιν, sitzt.

86. αἰδώς, vgl. 647 ἤδη νῦν αἰδὼς μὲν ἐν ἀνθρώποισιν ὄλωλεν. Vgl. 291, 410, 635. κέρδος, die Gewinnsucht. ἄγει, verleitet. Bakch: frg. 4 φρένα καὶ πυκινὰν κέρδος ἀνθρώπων βιᾶται. Arist. Plut. 363 ἀλλ' εἰσὶ τοῦ κέρδους ἅπαντες ἥττονες. Vgl. zu 466.

87. νόον καὶ φρένας, Gesinnungen und Gedanken. ἄλλας, die meisten Mss. haben ἄλλῃ. Anth. Pal. X, 121 οὐχ οὗτω βλάπτει μιοεῖν ὁ λέγων ἀναφανδόν, ὥσπερ ὁ τὴν καθαρὰν ψευδόμενος φιλίαν. XI, 390 εἴ με φιλεῖς, ἔργῳ με φίλει καὶ μή μ' ἀδικήσῃς, ἀρχὴν τοῦ βλάπτειν τὴν φιλίαν θέμενος· πᾶσι γὰρ ἀνθρώποισιν ἐγὼ πολὺ κρέσσονά φημι τὴν φανερὰν ἔχθραν τῆς δολερῆς φιλίας.

88. φιλεῖς, wirklich liebst. ἔνεστι, sich bei dir findet, wie 416, 418, 622.

89. καθαρὸν θέμενος νόον, mit ehrlicher Gesinnung, aufrichtig. ἀποειπών (§ 8), sage dich los, künde mir die Freundschaft auf. Das Wort kommt schon bei Homer vor und auch schon in ähnlicher Bedeutung, α 91 μνηστήρεσσιν ἀπειπέμεν, aufkündigen, den Aufenthalt im Hause verbieten.

90. νεῖκος ἀείρεσθαι, den Streit aufnehmen, ein seltener Gebrauch, vgl. ἆρας ἄθλον Soph. Trach. 80. ὅσσ' Ὀδυσεὺς ἐμόγησε καὶ ἤρατο δ 107; ähnlich φιλότητα ἑλέσθαι Ι1 282.

91. μιῇ γλώσσῃ, bei gleicher Rede, mit denselben Worten. δίχα ἔχει νόον, zweierlei Gedanken hat, Verschiedenes meint. Vgl. γ 127 δίχ' ἐβάζομεν. Theogn. 910 u. Γ 32 δίχα θυμὸν ἔχειν. Ι 312 ἐχθρὸς γάρ μοι κεῖνος, ὅς χ' ἕτερον μὲν κεύθῃ ἐνὶ φρεσίν, ἄλλο δὲ εἴπῃ. σ 168 οἵ τ' εὖ μὲν βάζουσι, κακῶς δ' ὄπιθε φρονέουσι. Pittakos b. Diog. L. I, 4, 5 πιστὸν γὰρ οὐδὲν γλῶσσα διὰ στόματος λαλεῖ διχόμυθον ἔχουσα καρδίῃ νόημα. Anth. Pal. X, 95 μισῶ τὸν ἄνδρα τὸν διπλοῦν πεφυκότα, χρηστὸν λόγοισι, πολέμιον δὲ τοῖς τρόποις.

92. δειλός, jämmerlich, mit Bekker für das handschriftliche δεινός, das wegen seiner Bedeutung unpassend ist; 1108 ist es umgekehrt, und 857 schwankt die Schreibweise zwischen beiden. βέλτερος, den man besser zum Feind als zum Freund hat.

93. ἤν, so Welker für ἄν oder εἰ. ἐπαινήσῃ haben nur die beiden besseren Mss. A K. die anderen das Futurum. ὁρῴης (nur so lang als du ihn siehst) ist nicht sprachgemäß: man erwartete den Conjunctiv mit oder ohne ἄν. Die Form ist nur in A K O überliefert, die übrigen haben ὁρῴη.

94. Zu νοσφισθείς tritt ἄλλῃ (anders wohin) pleonastisch hinzu. γλῶσσαν ἵησι (zu Γ 152) κακήν, von übler Nachrede oder Verleumdung. Pittakos bei Diog. L. I, 4, 4 φίλον μὴ λέγειν κακῶς.

95. ἕταιρος ἀνήρ (wie 79) ist Subject, φίλος ἐσθλός Prädicat.

96. Vgl. 87. γλώσσῃ, mit dem Munde. λῷα, als er denkt.

97. Hier ist eine zweifache Verbindung möglich ὅς τὸν ἑταῖρον, γιγνώσκων ὀργήν (Objectsaccusativ), καὶ βαρὺν ὄντα φέροι, oder ὅς τὸν ἑταῖρον, γιγνώσκων ὀργήν (Beziehungsaccusativ wie 964) καὶ βαρὺν ὄντα, φέροι.

98. ὀργή, Charakter, Temperament, wie 214, 312, 964, 1059, 1258. βαρύν, schroff, heftig, mürrisch. φέροι (so vermuthet Bergk mit Recht anstatt des handschriftlichen φέρει, da auch im übergeordneten Satz der Optativ steht, vgl. Krüger Di. § 54, 14, A. 2) erträgt, hinnimmt, sich gefallen lässt, in Verbindung mit ἀντὶ κασιγνήτοιο (ϑ 546) wie einen Bruder behandelt. Anth. Pal. XII, 48, 2 οἶδά σε καὶ βαρὺν ὄντα φέρειν.

100. φράζεο (bedenke): besser scheint βάλλεο. ποτ' ἐμοῦ, so Bergk für das handschriftliche ποτέ μου.

101. φιλῆσαι lieb zu gewinnen. Skol. 21 Ἀδμήτου λόγον, ὦ 'ταῖρε, μαθὼν τοὺς ἀγαθοὺς φίλει, τῶν δειλῶν δ' ἀπέχου, γνοὺς ὅτι δειλοῖς ὀλίγη χάρις.

102. τί δ' ἔστ' ὄφελος ἀνήρ, vgl. Ν 236 αἴ κ' ὄφελός τι γενώμεθα. P 152 ὅς τοι πόλλ' ὄφελος γένετο. Arist. Plut. 1152 τί δῆτ' ἂν εἴης ὄφελος ἡμῖν; Sonst ὄφελός ἐστί τινος, wie Plat. Apol. 28 B. Kriton 46 A. 54 A. Charm. 175 B. Leg. IX, 856 C. Aisch. 3, 71 u. Theogn. 700.

103. ἐκ πόνου (Bedrängnis) ῥύσαιτο, vgl. μ 107 οὐ γάρ κεν ῥύσαιτό σ' ὑπ' ἐκ κακοῦ. ἄτης, Schaden, Verlust, wie 119, 133, 588.

104. ἐσθλόν, etwas Gutes, auch vom Besitze gebraucht, vgl. ο 488 παρὰ καὶ κακῷ ἐσθλὸν ἔθηκε Ζεύς. Ω 530 ἄλλοτε μέν τε κακῷ ὅ γε κύρεται, ἄλλοτε δ' ἐσθλῷ. κ 523, λ 31 πυρήν τ' ἐμπλησέμεν ἐσθλῶν. μεταδοῦν (mittheilen, theilnehmen lassen), nach einer Conjectur von Buttmann Spr. I, 127, Anm. **, denn diese Infinitive elidieren ihr αι nicht, vgl. 1329 διδοῦν (Einl. § 18). Bei Attikern scheint es jedoch der Fall gewesen zu sein, vgl. δοῦν· Arist. Av. 976; Lys. 116; Thesm. 217 (oder διδόν'). ἀποκλῄν' Vesp. 160. εἰν' Nub. 1357; Ran. 692; Eqq. 751; Av. 1340. Eur. Or. 450 μετάδος φίλοισι σοῖσι τῆς εὐπραξίας. 666 ἐν τοῖς κακοῖς χρὴ τοῖς φίλοισιν ὠφελεῖν. Vgl. Theogn. 299.

105. εὖ ἔρδοντι, stabiler Hiatus, Einl. § 8. ματαιοτάτη, der erfolgloseste, schlechteste Dank. Praxilla 3, 2 τῶν δειλῶν δ' ἀπέχου, γνοὺς ὅτι δειλῶν ὀλίγα χάρις.

106. καὶ steigert. Vielleicht ist τοι zu schreiben, oder ist ἴσον καὶ analog mit acque ac? σπείρειν, deshalb heißt das Meer bei Homer das unfruchtbare (ἀτρύγετος). πόντον ἁλός, zu Vs. 10. Pseudophok. 152 μὴ κακὸν εὖ ἔρξῃς· σπείρειν ἴσον ἔστ' ἐνὶ πόντῳ.

107. βαθὺ λήιον, vgl. ι 134 μάλα κεν βαθὺ λήιον αἰεὶ εἰς ὥρας ἀμῷεν. ἀμῷς, vereinzelt sonst gibt es nur Formen auf ῴης.

108. εὖ ἀντιλάβοις, wirst du dafür etwas Gutes empfangen.
109. νόον, hier „Begier". ἕν. in einem, d. h. einmal. Häufig ist οὐδέν.
110. τῶν πρόσθεν πάντων. für alle früheren **Wohlthaten**, für alles, was früher geschehen. φιλότης. Wohlwollen, Zuneigung (Dankbarkeit?). ἐκκέχυται, ist ausgeschüttet, zerronnen, vergessen, wie bei Platon Kriton 49 A.
111. τὸ μέγιστον, das **Schlimmste**? Anstatt des verdorbenen ἐπαυρίσκουσι vermuthen Bergk ἐλαφρίζουσι *(parvi ducunt, haud gravate ferunt)*, Ahrens ἀμαυρίσκουσι, Sitzler εὖ αὖ ῥέζουσι. Ich halte auch τὸ μέγιστον für falsch, denn der Sinn kann nur sein: „Die Edlen aber sind sogar für die geringste **Wohlthat erkenntlich**".
112. μνῆμα = μνήμη. dankbare Erinnerung, wird sonst in dieser Bedeutung nicht gebraucht. ἀγαθῶν. an das empfangene Gute, die Wohlthaten.
114. φεύγειν. meiden, ausweichen.
115 = Pseudophok. 92. Vgl. 643 πολλοὶ πὰρ κρητῆρι φίλοι γίγνονται ἑταῖροι. πόσιος καὶ βρώσιος. Genossen beim Essen und Trinken. Ein ähnliches Beispiel vom Gebrauche des Genetivs ist mir nicht bekannt.
116 = 644. σπουδαίῳ, vgl. 65, 70.
117. κιβδήλου (unecht), falsch. Vgl. Lukian in der Anth. Pal. X, 36 οὐδὲν ἐν ἀνθρώποισι φύσις χαλεπώτερον εὗρεν ἀνθρώπου καθαρὰν ψευδομένου φιλίην· οὐ γὰρ ἔσθ' ὡς ἐχθρὸν προφυλαττόμεθ', ἀλλ' ἀγαπῶντες ὡς φίλον, ἐν τούτῳ **πλείονα** βλαπτόμεθα.
118. εὐλαβίης, Behutsamkeit, Vorsicht. Zu ἐστὶ περὶ πλέονος (ist höher anzuschlagen, wichtiger) ist auch noch οὐδὲν Subject. Stadtmüller ἔσθ' ἕτερον πλέονος.
119. ἄτη, vgl. 103. Eur. Med. 516 ὦ Ζεῦ, τί δὴ χρυσοῦ μέν, ὃς κίβδηλος ᾖ, τεκμήρι' ἀνθρώποισιν ὤπασας σαφῆ, ἀνδρῶν δ' ὅτῳ χρὴ τὸν κακὸν διειδέναι, οὐδεὶς χαρακτὴρ ἐμπέφυκε σώματι·
120. ἐξευρεῖν, herauszufinden, für γιγνώσκειν, d. h. falsches Gold ist leicht zu erkennen. σοφῷ, sachverständig, geschickt, in welcher Weise schon Homer σοφίη gebraucht.
121. νόος, Gesinnung. λελήθῃ (versteckt ist, sich verborgen hält), so A, die anderen λελήθει. Der bloße Conjunctiv mit εἰ nach homerischer Weise, wie 276, 321. Tyrt. 9, 35. Sol. 3, 30.
122. ψυδρός (lügenhaft, falsch) schrieb Ruhnken statt ψυδνός oder ψεδνός. ἐν φρεσὶν ἦτορ findet sich schon bei Homer Θ 413, Ἰ 242, Ρ 111, Τ 169. Häufiger θυμὸς ἐνὶ φρεσίν.

124. ἀνιηρότατον (χαλεπώτατον), das macht die meiste Mühe. Euenos Frg. 3 ἡγοῦμαι σοφίας μέρος οὐκ ἐλάχιστον ὀρθῶς γιγνώσκειν, οἷος ἕκαστος ἀνήρ. Vgl. Skolion 7 bei Bergk.

126. πειρηθείης. Ahrens nahm an dem Optativ, der sich auch Φ 580 findet, Anstoß, und schrieb πρίν περ πειρηθείς. Da der Optativ auch im Hauptsatz steht, so hätte derselbe im Nebensatz kein Bedenken erregen sollen, und wenn eine Änderung nothwendig wäre, so verdiente immer noch πρίν γ᾽ ἂν πειρηθῇς den Vorzug. Isokr. 1, 24 μηδένα φίλον ποιοῦ, πρὶν ἂν ἐξετάσῃς, πῶς κέχρηται τοῖς πρότερον φίλοις.

127. εἰκάσσαις, man kann prüfen. ἐς ὥριον ἐλθών (einer der zur Reife gekommen ist) passt nicht: dafür Camerarius ἐς ὤνιον ἐλθών, der auf den Markt gekommen ist, d. h. wie ein Käufer die Ware auf dem Markte. Geistreich ist Bergks Conjectur πρὸς χωνίον (zum Schmelztiegel), da kurz zuvor von Metallen die Rede ist.

128. γνώμην, Einsicht, **Erkenntnis**. ἰδέαι, der Schein.

129. Vgl. Ξ 118 ἀρετῇ δ᾽ ἦν ἔξοχος αὐτῶν.

130. γένοιτο, möge zutheil werden.

131. ἀνθρώποισι, Einl. § 12 (S. 21), dafür zwei Handschriften ἀνθρώποις. Solon bei Diog. Laert. I, 2, 12 und Stob. 3, 79 γονέας αἰδοῦ. Pyth. aur. carm. 4 τούς τε γονεῖς τίμα (ebenso Isokr. 1, 16). Eur. Frg. 219 θεούς τε τιμᾶν τούς τε θρέψαντας γονεῖς. Frg. 848 ὅστις δὲ τοὺς τεκόντας ἐν βίῳ σέβει, ὅδ᾽ ἐστὶ καὶ ζῶν καὶ θανὼν θεοῖς φίλος. Philemon bei Stob. 79, 30 βούλου γονεῖς πρώτιστον ἐν τιμαῖς ἔχειν. Eurip. Frg. 360 οὐκ ἔστιν οὐδὲν μητρὸς ἥδιον τέκνοις. Soph. Oed. R. 999 τὰ τῶν τεκόντων ὄμμαθ᾽ ἥδιστον βλέπειν.

132. ὁσίη δίκη, Kindespflicht (*pietas*). μέμηλε, im Sinne, am Herzen liegt.

133. ἄτης, wie 119.

134. Ein von den Alten wiederholt ausgesprochener Satz, dass den Menschen das zutheil werde, was ihm die Götter geben, vgl. Ω 527 ff. Solon 13, 63 u. 64.

135. ἐν φρεσίν, genau, von innerlicher Überzeugung, wie δ 632, η 327, ν 417, B 301, Θ 366. Ebenso ν 339 ἐνὶ θυμῷ ᾔδεα. β 112 ἵνα εἰδῇς αὐτὸς σῷ θυμῷ.

136. ἐς τέλος, am Ende, zuletzt, wie 1084; vgl. zu 201. ἀγαθόν substantiviert, ebenso wie das folgende κακόν und ἐσθλόν „ob schließlich etwas Gutes daraus wird". Derselbe Gedanke findet sich bei Solon 13, 65 πᾶσι δέ τοι κίνδυνος ἐπ᾽ ἔργμασιν, οὐδέ τις οἶδεν, ᾗ μέλλει σχήσειν χρήματος ἀρχομένοιο κτλ. Pindar Ol. VII, 25 τοῦτο δ᾽ ἀμάχανον εὑρεῖν, ὅ τι νῦν ἐν καὶ τελευτᾷ φέρτατον ἀνδρὶ τυχεῖν.

137. Vgl. Pindar Ol. XII, 10 πολλὰ δ' ἀνθρώποις παρὰ γνώμαν ἔπεσεν.
138. δοκῶν, wie τελῶν 914, ποθῶν 1251, vgl. § 19.
139. παραγίγνεται, wird zutheil. ὅσσ' ἐθέλῃσιν (alles, was er beabsichtigt), dafür einige Handschriften ὅσσα θέλῃσιν. Σ 328 ἀλλ' οὐ Ζεὺς ἄνδρεσσι νοήματα πάντα τελευτᾷ.
140. ἴσχει, coërcet, impedit, so schon bei Homer Ο 657 ἴσχε γὰρ αἰδὼς καὶ δέος. πείρατα, die Schranken. ἀμηχανίης, der ihn beherrschenden Unfähigkeit.
141. μάταια νομίζομεν, haben thörichte Gedanken, bilden uns Nichtiges ein, machen eitle Pläne. Stadtmüller τοπάζομεν.
142. θεοί, einsilbig, wie 171, 202, 330, 358, 653, 660, 762, 810, 944, 1010, 1116, 1144, 1148, 1182.
143. Hes. Op. 327 ἶσον δ' ὅς θ' ἱκέτην ὅς τε ξεῖνον κακὸν ἔρξῃ. Orakel bei Paus. VII, 25 μηδ' ἱκέτας ἀδικεῖν· ἱκέται δ' ἱεροί τε καὶ ἁγνοί. Menander bei Stob. 9, 11 οὐ δεῖ γὰρ ἀδικεῖν τοὺς ἱκέτας. ι 270 Ζεὺς δ' ἐπιτιμήτωρ ἱκετάων τε ξείνων τε ξείνιος, ὃς ξείνοισιν ἅμ' αἰδοίοισιν ὀπηδεῖ.
144. θνητῶν, welches mit οὐδείς zu verbinden ist, steht des scharfen Gegensatzes wegen neben ἀθανάτους. Die Conjectur von Herwerden (pg. 6) ἀλιτῶν verdient schon aus diesem Grunde keine Berücksichtigung. Anth. Pal. X, 27 (Lukian) ἀνθρώπους μὲν ἴσως λήσεις ἄτοπόν τι ποιήσας, οὐ λήσεις δὲ θεούς.
145. βούλεο, ziehe es vor, mit nachfolgendem ἤ, zu Λ 117. οἰκεῖν, hausen, leben. Thales bei Diog. Laërt. I, 1, 9 (Pittakos b. Stob. 3, 79) μὴ πλούτει κακῶς. Stob. 3, 80 δικαίως κτῶ (Bias oder Chilon). Bias πλοῦτον ἄδικον φεῦγε. Eur. Frg. 364, 11 ἀδίκως δὲ μὴ κτῶ χρήματα. Frg. 421 κέκτησο δ' ὀρθῶς. Antiphanes bei Stob. 97, 1 καλῶς πένεσθαι μᾶλλον ἢ πλουτεῖν κακῶς. Eur. Frg. 708 σμικρ' ἂν θέλοιμι καὶ καθ' ἡμέραν ἔχων ἄλυπος οἰκεῖν μᾶλλον ἢ πλουτῶν νοσεῖν. Frg. 822 κρείσσων δὲ βαιὸς ὄλβος ἀβλαβὴς βροτοῖς ἢ δῶμα πλούτῳ δυσσεβῶς ὠγκωμένον. Isokr. 1, 38 μᾶλλον ἀποδέχου δικαίαν πενίαν ἢ πλοῦτον ἄδικον. Vgl. Theogn. 199, 753.
146. πασάμενος (von πάομαι, erwerben), vgl. 663 ὅς μάλα πολλὰ πέπαται. Solon 13, 7 ἀδίκως δὲ πεπᾶσθαι (χρήματα) οὐκ ἐθέλω.
147. συλλήβδην ἐστίν, liegt einbegriffen, ist enthalten. Derselbe Vers wird von Aristoteles Eth. Nik. V, 3 dem Phokylides (Frg. 17) zugeschrieben, während ihn Theophrast dem Theognis zutheilt. Stob. 9, 1 τρόπος δίκαιος κτῆμα τιμιώτατον. Jamblichos bei Stob. 9, 38 ἐπ' αὐτὸ δὴ τὸ τῶν ὅλων ἀρετῶν τέλος καὶ τὴν συναγωγὴν αὐτῶν συμπασῶν, ἐν ᾗ δὴ πᾶσαι ἔνεισι συλλήβδην κατὰ τὸν παλαιὸν λόγον, γένοιτο ἄν τις εἰς τὴν δικαιοσύνην ἀγόμενος.

149. δαίμων. der Zufall: **anders bei** Homer, wo der Begriff noch ein persönlicher ist. Bakchyl. Frg. 30 πλοῦτος δὲ καὶ δειλοῖσιν ἀνθρώπων ὁμιλεῖ. Eurip. b. Stob. 93, 9 μὴ πλοῦτον εἴπῃς· οὐχὶ θαυμάζω θεόν, ὃν γὼ κάκιστος ῥᾳδίως ἐκτήσατο. Vgl. Theogn. 865 (315, 683).

150. μοῖρ᾿ ἕπεται = μέτεστιν, sind theilhaftig. Unter ὀλίγοις versteht der Dichter selbstverständlich die Adeligen. **Die meisten Handschriften haben** ᾗ δ᾿ ἀρετὴ δ᾿ ὀλίγοις ἀνδράσι Κύρν᾿ ἕπεται. Bias bei Diog. Laërt. I, 5, 6 οἱ πλεῖστοι κακοί.

151. ὦπασαν, hat zum Begleiter gegeben, verliehen, auch schon bei Homer Z 156 τῷ δὲ θεοὶ κάλλος τε καὶ ἠνορέην ἐρατεινὴν ὤπασαν. πρῶτον κακὸν (Prädicat), **als** das größte, hervorragendste Übel.

152. μέλλει. mag χώρην θέμεναι, eine Stelle **einräumen**, Rücksicht nehmen, beachten. Vgl. 822 τούτων χώρη ὀλίγη τελέθει.

153. ἕπηται. verliehen, beschieden ist, vgl. 150, 164, 397, 410, 412, 635. **Solon** Frg. 8 τίκτει γὰρ κόρος ὕβριν, ὅταν πολὺς ὄλβος ἕπηται. vgl. Clem. Alex. Strom. VI, 740, der auch den **anders lautenden Spruch des** Theognis anführt. Eur. bei Stob. 93, 3 ὕβριν τε τίκτει πλοῦτος ἢ φειδὼ βίου. Menander bei Stob. 92, 8 (πλοῦτος) καὶ τοὺς φρονεῖν δοκοῦντας ἀνοήτους ποιεῖ. Anth. Pal. IX, 43, 3 μισῶ πλοῦτον ἄνουν.

154. **καὶ ist anstößig.** Dafür schrieb Hartung ἀνθρώποισιν, ὅτῳ. natürlich mit Beibehaltung des **πολὺς** bei Solon. Da A O ἀνθρώπων **haben, so ist** vielleicht ὅτῳ zu schreiben „wenn ein beschränkter Mensch großen Reichthum **besitzt**". νόος ἄρτιος, vgl. ἄρτια εἰδέναι Ε 326, τ 248, ἀρτίφρων ω 261.

155. **Für** τοι citiert Stob. μοι, sowie χαλεφθείς für χολωθείς. πενίη (*paupertas*) verschieden von ἀχρημοσύνη (*egestas*), welches schon ρ 502 vorkommt. Dieselbe **heißt θυμοφθόρος** lebenzerstörend, weil sie Muth und Lebensfreude vernichtet. Pittakos bei Diog. L. I, 4, 4 (Thales b. Stob. 3, 79; Chilon b. Stob. 112, 11) ἀτυχίαν μὴ ὀνειδίζειν Chilon b. Diog. L. I, 3, 2 ἀτυχοῦντι μὴ ἐπιγελᾶν. Hes. Op. 717 μηδέ ποτ᾿ οὐλομένην πενίην θυμοφθόρον ἀνδρὶ τέτλαθ᾿ ὀνειδίζειν. Isokr. 1, 29 μηδενὶ συμφορὰν ὀνειδίσῃς. Vgl. Theogn. 1115.

156. πρόφερε, halte vor, wie Γ 64. οὐλομένη heißt bei Homer der Hunger (γαστήρ) ρ 474.

157. ἐπιρρέπει, **hier** transitiv, lässt sinken, sich neigen. ἄλλοτε ἄλλως. (beliebter Hiatus, § 7) bald so, bald anders, unterschiedlich. **Dafür steht in einer** Handschrift ἄλλοτ᾿ ἐπ᾿ ἄλλῳ. Pyth. aur. carm. χρήματα δ᾿ ἄλλοτε μὲν κτᾶσθαι φιλεῖ, ἄλλοτ᾿ ὀλέσθαι. Anth. Pal. X, 96, 4 τοὺς πένητας πλουσίους ἐργάζεται (τύχη), καὶ τοὺς ἔχοντας χρημάτων ἀποστερεῖ.

159. Von ἀγοράσθαι gebraucht Homer nur ἀγοράασθε B 337 und ἀγορήσατο, sonst ἀγορεύειν. ἔπος μέγα, ein vermessenes Wort, vgl. das Homerische μέγα εἰπεῖν γ 227, π 243, χ 288 und μεγάλα αὐδᾶν δ 505. Eur. Frg. 77 φρονεῖν δὲ θνητὸν ὄντ᾽ οὐ χρὴ μέγα.

160. τελεῖ, bringen wird Die Nacht geht bei den Griechen dem Tage vorher, wie bei allen Orientalen. Soph. Frg. 515 οὐκ ἔστι πλὴν Διὸς οὐδεὶς τῶν μελλόντων ταμίας, ὅ τι χρὴ τετελέσθαι. Simon. Frg. 32 ἄνθρωπος ἐὼν μή ποτε φάσῃς ὅ τι γίγνεται αὔριον. Simon. bei Stob. 98, 16 νόος δ᾽ οὐκ ἐπ᾽ ἀνθρώποισιν ἀλλ᾽ ἐφήμεροι ἀεὶ βροτοὶ δὴ ζώμεν, οὐδὲν εἰδότες ὅκως ἕκαστον ἐκτελευτήσει θεός. Soph. b. Stob. 98, 46 ζώοι τις ἀνθρώπων τὸ κατ᾽ ἦμαρ ὅπως ἥδιστα πορσύνων, τὸ δ᾽ ἐς αὔριον αἰεὶ τυφλὸν ἕρπει. Diphilos bei Stob. 105, 5 ἀπροσδόκητον οὐδὲν ἀνθρώποις πάθος, ἐφημέρους γὰρ τὰς τύχας κεκτήμεθα. Eur. Orest. 472 τὸ μέλλον ὡς κακὸν τὸ μὴ εἰδέναι.

161. χρῶνται, haben. δειλαῖς φρεσί, Gegensatz βουλῇ ἀγαθῇ. δαίμονι. Los, Geschick. Vgl. Soph. Frg. 94 (bei Stob. 106, 11).

162. δοκέον, das erwartete, befürchtete. γίγνεται εἰς ἀγαθόν. zum Guten ausschlägt. Vgl. 405.

163. δαίμονι δειλῷ, *fortuna mala*.

164. μοχθίζουσι (kranken, leiden), ein Zeugma (haben), da es mit βουλῇ nicht verbunden werden kann. τέλος, das erwartete Ende, der entsprechende Erfolg begleitet ihre Handlungen nicht. ἔργμασιν. zu 29.

166. νόσφιν δαίμονος, ohne Gottes Fügung, ohne göttliche Mitwirkung, vgl. ἄτερ θεῶν 171. ἄνευ θεοῦ β 372, ο 531. ἄνευθε θεοῦ E 185. Auch das Gegentheil findet sich bei Homer σὺν δαίμονι (mit göttlicher Hilfe) Λ 792, Ο 403. σὺν θεῷ I 49.

167. ἄλλο wird selten elidiert, wie X 293 und in ἀλλ᾽ ἐνόησεν Ψ 140, 193, β 382, 393, δ 795, ζ 112, π 409, σ 187, ψ 242, 344. τὸ ἀτρεκές, genau genommen, in Wirklichkeit.

168 = 850. ἥλιος καθορᾷ (bescheint), auch bei Solon 14. Theogn. 616, vgl. 1185. Der vollständige **Ausdruck** findet sich λ 16 ἠέλιος φαέθων καταδέρκεται ἀκτίνεσσιν. Hes. Op. 760 ἠέλιος φαέθων ἐπιδέρκεται ἀκτίνεσσιν. Aisch. Prom. 796 ἥλιος προσδέρκεται ἀκτῖσιν. Aisch. Frg. 169 πέμψις ἡλίου προσδέρκεται. Herod. VII, 8 κατόψεται ἥλιος. Der hier von Theognis ausgesprochene Gedanke findet sich in verschiedenen Variationen bei griechischen Dichtern: Solon Frg. 14 οὐδὲ μάκαρ οὐδεὶς πέλεται βροτός, ἀλλὰ πονηροὶ πάντες, ὅσους θνητοὺς ἠέλιος **καθορᾷ**. Bakch. 1, 3 οὐ γάρ τις ἐπιχθονίων πάντα γ᾽ εὐδαίμων ἔφυ. 2, 3 ὄλβιος δ᾽ οὐδεὶς βροτῶν πάντα χρόνον. Theogn. 441 οὐδεὶς γὰρ πάντ᾽ ἐστὶ πανόλβιος. Eur. Suppl. 270 οὐκ ἔστιν οὐδεὶς διὰ τέλους εὐδαιμονῶν. Iph. Aul. 161 θνητῶν ὄλβιος ἐς τέλος οὐδεὶς οὐδ᾽

εὐδαίμων οὔπω γὰρ ἔφυ τις ἄλυπος. Frg. 149 οὐκ ἔστιν ὅστις εὐτυχὴς ἔφυ βροτῶν. 602 οὐκ ἔστιν ὅστις πάντ᾽ ἀνὴρ εὐδαιμονεῖ. 46 οὔτις ἀνδρῶν εἰς ἅπαντ᾽ εὐδαιμονεῖ. 757 ἔφυ μὲν οὐδεὶς ὅστις οὐ πονεῖ βροτῶν. 872 οὐκ ἔστιν εὑρεῖν βίον ἄλυπον οὐδενί. 275 οὐδεὶς διὰ τέλους εὐδαιμονεῖ. 396 εἰ δ᾽ ἄτερ πόνων δοκεῖς ἔσεσθαι. μῶρος εἶ θνητὸς γεγώς. Philemon b. Stob. 108, 50 οὐκ ἔστ᾽ οὐδὲ εἷς, ᾧ μὴ κακόν τι γέγονεν ἢ γενήσεται. Stob. 99, 14 ἄνθρωπος ὢν οὐδεὶς ἄλυπος τὸν βίον διήγαγεν, οὐδὲ μέχρι τέλους ἔμεινεν εὐτυχῶν. Soph. Frg. 359 οὐδεὶς γὰρ ἄμοχθος. ὁ δ᾽ ἥκιστ᾽ ἔχων μακάρτατος. Soph. b. Stob. 98, 43 οὐ γὰρ θέμις ζῆν πλὴν θεοῖς ἄνευ κακῶν. Frg. 610 τὸ δ᾽ εὐτυχοῦν πάντ᾽ ἐξαριθμήσας βροτῶν, οὐκ ἔστιν ὄντως ὅντιν᾽ εὑρήσεις ἕνα. Bathon b. Stob. 105, 30 ἐν δὲ τῷ βίῳ τέρας ἐστίν, εἴ τις εὐτύγχης διὰ βίου. Quint. Sm. VII, 83 μερόπων δὲ πανόλβιος οὔ τις ἐτύχθη. Vgl. Simon. Frg. 32 u. 36.

169. Das zweite ὄν ist demonstrativ. μωμεύμενος. ein Spötter, Tadler. Simon. 5, 14 τὸ πλεῖστον ἄριστοι, τοὺς θεοὶ φιλέουσιν. Soph. Frg. 234 a σοφὸς γὰρ οὐδεὶς πλὴν ὃν ἂν τιμᾷ θεός. Eur. Herc. fur. 1338 θεοὶ δ᾽ ὅταν τιμῶσιν οὐδὲν δεῖ φίλων.

170. ἀνδρὸς = βροτοῦ. σπουδή. Bestreben. γίγνεται οὐδεμία, heißt nichts, ist nichtig, erfolglos. Herwerden p. 9 οὐτιδάνη. Simon. Frg. 39 ἀνθρώπων ὀλίγον μὲν κάρτος, ἄπρακτοι δὲ μεληδόνες.

172. γίγνεται, wird zutheil. Eur. Frg. 395 οὐκ ἔστιν οὐδὲν χωρὶς ἀνθρώποις θεῶν. 942 θεοῖς ἀρέσκον πᾶν γὰρ ἐκ θεῶν τέλος.

173. πενίη, der die aus **Megara** vertriebenen Aristokraten verfallen waren. δάμνησι, drückt, beugt nieder. Alkaios Frg. 92 ἀργαλέον πενία κακὸν ἄσχετον, ἃ μέγα δάμναις λαὸν ἀμαχανίᾳ σὺν ἀδελφεᾷ. Krantor b. Stob. 96, 13 οὐκ ἔστι πενίας οὐδὲ ἀθλιώτερον ἐν τῷ βίῳ σύμπτωμα. Diphilos b. Stob. 96, 10 πενίας οὐδείς ἐστι μείζων πόλεμος. Eur. Frg. 232 πενία κακὸν ἔχθιστον.

174. Aus μάλιστα ist zu den Genetiven ein μᾶλλον zu ergänzen „und **zwar** mehr als das Alter". Herwerden p. 10 änderte πολιοῦ in πλεῖον, wodurch die Genetive allerdings einfacher erklärt sind. γῆρας πολιόν, das grau machende Alter, findet sich auch bei Pindar Isth. VI, 22 und ist in derselben Weise zu erklären wie χλωρὸν δέος (Il 479, Θ 77), *pallida mors, lurida venena* und ähnl. ἠπιάλου, Fieberfrost, auch Alp.

175. ἣν φεύγοντα, um dieser zu entgehen. καί, sogar. βαθυκήτεα, bei Homer μεγακήτεα, so auch hier einige Handschriften. Auf diese Stelle bezieht sich **Lukian** 5, 26. 17, 5. 18, 10 und Ammianus Marc. 29.

176. ῥιπτεῖν wurde schon von **den** beiden genannten Schriftstellern als intransitiv (sich stürzen) betrachtet. Eurip. b. Stob. 99, 4 πετρῶν βίπτειν ἄπο. θ 508 κατὰ πετράων βαλεῖν.

177. Luk. 17, 5 u. Stob. 96, 14 citieren πᾶς γὰρ ἀνήρ, πενίη δεδμημένος, vgl. 173. Dafür 182 τειρόμενος, τι εἰπεῖν. § 8.

178. δέ οἱ. § 8. γλῶσσα δέδεται. ohne Redefreiheit gab es für die Alten überhaupt keine Freiheit. Der Dichter will also sagen „der Arme ist ein Sclave, denn er kann nicht reden und handeln, wie er will". Eurip. bei Stob. 8, 12 (ὁ φόβος) τό τε στόμ᾽ εἰς ἔκπληξιν ἀνθρώπων ἄγει, τὸν νοῦν τ᾽ ἀπείργει μὴ λέγειν ἃ βούλεται.

179. ἐπὶ γῆν. über die Erde hin, auf der ganzen Erde. Der Versschluss ist homerisch.

180. χαλεπῆς. wie 182, drückend (ἐπεί δάμνησιν ἄνδρα). λύσιν. Erlösung.

182. τειρόμενον πενίῃ. vgl. 684, 752.

183. Vgl. § 1. Pseudophok. 201 ἵππους εὐγενέας διζήμεθα γειαρότας τε ταύρους ὑφιενόντας, ἀτὰρ σκυλάκων παναγρίας· γῆμαι δ᾽ οὐκ ἀγαθὴν ἐριδαίνομεν.

184. εὐγενέας, von edler Zucht. τις, jeder. ἐξ εὐγενῶν γέννα Sosiades Sprüche der 7 Weisen bei Stob. 3, 80.

185. βήσεσθαι. sich belegen, bedecken lassen, wie Anth. Pal. IX, 731, 2. Dafür Stob. 88, 14 κτήσασθαι, welches Herwerden p. 11 vorzieht. Mit βήσεσθαι vgl. συῶν ἐπιβήτωρ λ 131, ψ 278. κακὴν κακοῦ (vgl. κακόπατριν 193) die niedriggeborene Tochter des gemeinen Mannes. Vgl. Ν 472 οὐ κακὸς εἴδεται οὐδὲ κακῶν ἐξ. Soph. Oed. R. 1397 νῦν γὰρ κακός ὦν κἀκ κακῶν εὑρίσκομαι. Phil. 384 πρὸς τοῦ κακίστου κἀκ κακῶν Ὀδυσσέως. Ant. 38 αἴ τ᾽ εὐγενὴς πέφυκας αἴ τ᾽ ἐσθλῶν κακή. Frg. 583 ἀπ᾽ εὐγενέων ἐσθλός. Platon Phaedr. 274 A ἀγαθοῖς τε καὶ ἐξ ἀγαθῶν. οὐ μελεδαίνει, er macht sich nichts daraus, scheut sich nicht. Κleobulos bei Stob. 3, 79 γαμεῖν ἐκ τῶν ὁμοίων. Eur. Andr. 1279 εἰ χρή γαμεῖν. χρὴ τᾶκ τε γενναίων γαμεῖν. Theogn. 1112 μνηστεύει δ᾽ ἐκ κακοῦ ἐσθλὸς ἀνήρ. Eur. Heracl. 297 οὐκ ἔστι τοῦδε παισὶ κάλλιον γέρας, ἢ πατρὸς ἐσθλοῦ κἀγαθοῦ πεφυκέναι, γαμεῖν τ᾽ ἀπ᾽ ἐσθλῶν.

186. διδῷ, mitbringt; dafür Stob. φέρῃ.

187. γυνή. εὐγενής.

188. ἀφνεόν, zweisilbig, wie 559, Theokr. 17, 96. Homer hat nur ἀφνειός.

189. τιμῶσι, vgl. 523. Solon 13, 11 πλοῦτον, ὂν ἄνδρες τιμῶσιν. Eur. Phoen. 440 τὰ χρήματ᾽ ἀνθρώποισι τιμιώτατα. Aristot. b. Stob. 86, 25 οὐκ ὀρθῶς ἐπιτιμῶσι Θέογνις οὔτε ὁ ποιητὴς ὁ ποιήσας ὡς ὅτι τὴν μὲν γὰρ εὐγένειαν αἰνοῦσιν βροτοί, μᾶλλον δὲ κηδεύουσι τοῖς εὐδαίμοσιν. (Eur. Frg. 399). Eur. Frg. 96 ἀλλ᾽ οὐδὲν ηὐγένεια πρὸς τὰ χρήματα. Frg. 379 νῦν δ᾽ ἦν τις οἴκοι πλουσίαν φάτνην ἔχῃ, πρῶτος γέγραπται τῶν δ᾽ ἀμεινόνων κρατεῖ. Frg. 22 τὴν δ᾽ εὐγένειαν πρὸς θεῶν μή μοι λέγε· ἐν χρήμασιν τόδ᾽ ἐστί. Hes. Op. 686

χρήματα γὰρ ψυχῇ πέλεται δειλοῖσι βροτοῖσι. Vgl. zu 621. ἐκ κακοῦ — κακοῦ θυγατέρα. wie 1112. ἔγημεν ist gnomisch.

190. ἔμιξε γένος. hebt den Unterschied der Stände auf. Eur. Frg. 234 κρεῖσσόν τ᾽ ἐστὶ πλουσίου γάμου γένος. Anders Frg. 60 ἐκ τῶν ὁμοίων οἱ κακοὶ γαμοῦσ᾽ ἀεί.

191. γένος ἀστῶν μαυροῦσθαι, dass der Glanz der alten Adelsgeschlechter in der Stadt erbleicht. Eur. Frg. 76 ὡς ἀληθὲς ἦν ἄρα, ἐσθλῶν ἀπ᾽ ἀνδρῶν ἐσθλὰ γίγνεσθαι τέκνα, κακῶν δ᾽ ὅμοια τῇ φύσει τῇ τοῦ πατρός. 214 ἐσθλῶν ἀπ᾽ ἀνδρῶν εὐγενῆ σπείρειν τέκνα. 344 οὐκ ἄν γένοιτο χρηστὸς ἐκ κακοῦ πατρός. θαυμάζειν mit dem Acc. c. Inf. findet sich schon bei Homer Ε 601, öfter bei den Tragikern, Kühner § 484, 21, Anm. 3.

193. αὐτός, der Mann aus altadeligem Geschlechte scheut sich nicht, das Haus des Plebejers zu betreten und die reiche Plebejerin selbst heimzuführen. ταύτην ist anstößig: die Conjecturen ἀστός τοι ταύτην, Αὐτοκλῆς Αὔγην und das in einigen Handschriften stehende αὐτὸς τοιαύτην befriedigen nicht.

194. οἴκους, der Plural bezeichnet den aus verschiedenen Gebäuden bestehenden Palast, wie bei Homer δόμοι und δώματα, vgl. ρ 264 ff. χρήμασι πειθόμενος, durch ihr Vermögen dazu verleitet.

195. κρατερή (die zwingende) ἀνάγκη. schon bei Homer Ζ 458 u. a.

196. ἐντύει, antreibt, auch bei Pindar. τλήμονα (unternehmend, kühn, dreist) θῆκε, zu allem fähig macht.

197. χρῆμα (Vermögen, Besitz) ist auffallend. Dafür einige Handschriften χρήματα, vgl. Solon 13, 7, und dementsprechend Lachmann χρήμαθ᾽ ὅτῳ. Aber besser ist χρήμαθ᾽ ἃ μὲν, die Prädicate dazu παρμόνιμον und κακόν (202) sind substantivierte Neutra (etwas Bleibendes). σὺν δίκῃ, auf rechtliche Weise. Vgl. Solon 13, 9 πλοῦτον δ᾽, ὃν μὲν δῶσι θεοί, παραγίγνεται ἀνδρί. Hes. Op. 320 χρήματα δ᾽ οὐχ ἁρπακτά, θεόσδοτα πολλὸν ἀμείνω. Pind. Nem. 8, 17 σὺν θεῷ γάρ τοι φυτευθεὶς ὄλβος ἀνθρώποισι παρμονώτερος. Eurip. b. Stob. 94, 10 οὔτε γὰρ πλοῦτός ποτε βέβαιος ἄδικος.

198. καθαρῶς, mit reinen Händen, ehrlich, Gegensatz ἀδίκως.

199. παρὰ καιρόν, unstatthafter-, ungebürlicher-, unrechtmäßigerweise, allgemeiner und nicht so stark als das folgende πὰρ τὸ δίκαιον. Antiphanes bei Stob 10, 22 τὰ πονηρὰ κέρδη τὰς μὲν ἡδονὰς ἔχει μικράς, ἔπειτα δ᾽ ὕστερον λύπας μακράς. Demokrit b. Stob. 94, 25 χρήματα πορίζειν μὲν οὐκ ἀχρήιον, ἐξ ἀδικίης δὲ παντὸς κάκιον. Vgl. zu 146.

200. κτήσεται. Conjunctiv. ὅρκῳ. durch Meineid, wie τ 396. ἑλών, sich zugeeignet hat.

201. αὐτίκα, für den Augenblick. Orakel bei Herod. VI, 86 τὸ μὲν αὐτίκα κέρδιον οὕτω ὅρκῳ νικῆσαι καὶ χρήματα ληίσσασθαι. Δ 160 εἴ περ

γάρ τε καὶ αὐτίκ' Ὀλύμπιος οὐκ ἐτέλεσσεν, ἔκ τε καὶ ὀψὲ τελεῖ, σὺν τε μεγάλῳ ἀπέτισαν. ἐς τελευτὴν, wie 607, 755; vgl. zu 136.

202. ἔγεντο, für ἐγένετο, wie 436, 640, 661; Hes. Theog. 199, 705; Sappho 16, 1; Pindar Pyth. III, 87; VI, 28; Frgm. 124; Kallim. in Del. 147; Pall. lav. 159; Theokr. 1, 88; **8**, **92**: 12, 9; 14, 27; 17, 64; Apoll. Rh. I, 1141; IV, 1427; Anth. Pal. VII, 664, 5; Append. 61, 4. Subject dazu ist entweder κέρδος „der Gewinn wird ihm zum Unheil" oder χρήματα. ὑπερέσχε, behält die **Oberhand**, intransitiv wie ν 93 εὖτ' ἀστὴρ ὑπερέσχε (oben stand) u. Λ 735 ἠέλιος ὑπερέσχεθε.

203. ἐπ' αὐτοῦ πρήγματος, unmittelbar nach (bei) der That.

205. αὐτός, in eigner Person. χρέος die Schuld.

206. ἄτην (βλάβην), die Strafe. ὑπερκρέμασεν, hat über sie gehängt, gebracht. Vgl. 1022 ὑπὲρ κεφαλῆς γῆρας ὑπερκρέμαται. Pind. Ol. I, 89 ἄταν, ἅν οἱ πατὴρ ὑπερκρέμασεν. Dass Kinder oder Enkel die Schuld büssen, war alter Glaube, vgl. Solon 13, 29 ἀλλ' ὁ μὲν αὐτίκ' ἔτισεν ὁ δ' ὕστερον εἰ δὲ φύγωσιν αὐτοί, μηδὲ θεῶν μοῖρ' ἐπιοῦσα κίχῃ, ἤλυθε πάντως αὖθις· ἀναίτιοι ἔργα τίνουσιν ἢ παῖδες τούτων ἢ γένος ἐξοπίσω. Lykurg adv. Leocr. 79 τοὺς θεοὺς οὔτ' ἂν ἐπιορκήσας τις λάθοι οὔτ' ἂν ἐκφύγοι τὴν ἀπ' αὐτῶν τιμωρίαν, ἀλλ' εἰ μὴ αὐτός, οἱ παῖδές γε καὶ τὸ γένος ἅπαν τὸ τοῦ ἐπιορκήσαντος μεγάλοις ἀτυχήμασι περιπίπτει. Plat. Rep. II, 266 A ἀλλὰ γὰρ ἐν Ἅιδου δίκην δώσομεν ὧν ἂν ἐνθάδε ἀδικήσωμεν, ἢ αὐτοὶ ἢ παῖδες παίδων. Eur. Frg. 970 τὰ τῶν τεκόντων σφάλματ' εἰς τοὺς ἐκγόνους θεοὶ τρέπουσιν.

207. οὐ κατέμαρψε δίκῃ. Horaz Carm. III, 2, 31 *raro antecedentem scelestum deseruit pede Poena claudo.* ἀναιδής, nicht „schamlos", sondern „herzlos", zu Δ 521.

208. πρόσθεν, **zuvor**, früher, auch schon bei Homer (zu Γ 346). ἐπὶ βλεφάροις ἕζετο, **bei Homer** (Κ 26, 91) vom Schlafe gebraucht. Aber ähnlich Il 502 τέλος θανάτοιο κάλυψεν ὀφθαλμούς. Ν 580 τὸν δὲ κατ' ὀφθαλμοὺς ἐρεβεννὴ νὺξ ἐκάλυψεν und τὸν δὲ σκότος ὄσσε κάλυψεν (zu Δ 461).

209. φεύγοντι, einem Verbannten. Eur. Phoen. 403 τὰ φίλων δ' οὐδέν, ἤν τις δυστυχῇ. Vgl. Theogn. 299.

211, 212 = 509, 510, wo beide Verse fast wortgetreu wiederholt **sind**. Philemon bei Stob. 18, 8 ἅπας πονηρὸς οἶνος ὁ πολὺς ἔστ' ἀεί. Alexis bei Athen. X, 443 F πολὺς γὰρ οἶνος πόλλ' ἁμαρτάνειν ποιεῖ.

213, 214 = 1071, 1072. ἐπίστρεψε ποικίλον ἦθος, *adverte, adhibe callidam mentem*, d. h. behandle jeden deiner Freunde mit Klugheit. Pittakos bei Stob. 3, 79 μὴ πᾶσι πίστευε. ὀργήν (vgl. 98), Charakter, Denkweise. συμμίσγων, zusammenmischend, d. h. mit ihm theilend, dadurch dass du annimmst. Dafür steht in dem sonst fast gleichen **Vers** 312 γιγνώσκων.

215. πούλυπος gebraucht auch Oppian Hal. II, 260, 267, 391, 455, III. 435, Anthol. Pal. IX, 10, 1; 94, 1. ὀργὴν ἴσχε, nimm die Art an, sei von der Art wie. πολυπλόκου, mit vielen Fängern, oder vielmehr „verschlagen, listig". Dafür Plutarch πολυχρόου.

216. Man construiere ὅς τῇ ποτὶ πέτρῃ προσομιλήσῃ, der dort, wo er sich an den Felsen angeschmiegt, angeklammert hat. τοῖος ἰδεῖν, so anzusehen, d. h. von der gleichen Farbe erscheint. Alkaios Com. bei Athen. VII, 316 B νόον δὲ πουλύποδος ἔχειν. Pseudophok. 49 μηδ' ὡς πετροφυὴς πολύπους κατὰ χῶρον ἀμείβου. Klearch bei Athen. VII, 317 A πουλύποδός μοι τέκνον ἔχων νόον, Ἀμφίλοχ' ἥρως, τοῖσιν ἐφαρμόζειν· τῶν κεν κατὰ δῆμον ἵκηαι. Ion bei Athen. VII, 318 E συγὼ μεταλλακτῆρα πουλύπουν χροός. Soph. Frg. 289 νοῦν δεῖ πρὸς ἀνδρί, σῶμα πουλύπους ὅπως πέτρᾳ, τραπέσθαι γνησίου φρονήματος. Luk. 9, 4, 3 ὁποίᾳ ἂν πέτρᾳ προσελθὼν ἁρμόσῃ τὰς κοτυληδόνας καὶ προσφὺς ἔχηται (μ 433), ἐκείνῃ ὅμοιον ἀπεργάζεται ἑαυτὸν καὶ μεταβάλλει τὴν χρόαν μιμούμενος τὴν πέτραν. 33, 67 ὦ παῖ, ποντίου θηρὸς πετραίου νόον ἴσχων πάσαις πολίεσσιν ὁμίλει. Theophr. Frg. 173 (Athen. VII, 317) Θεόφραστος ἐν τῷ περὶ τῶν μεταβαλλόντων τὰς χρόας τὸν πολύποδά φησι τοῖς πετρώδεσι μάλιστα τόποις συνεξομοιοῦσθαι. Unsere Stelle ist parodiert Anth. Pal. Append. 291 παντόφου ὀργὴν ἴσχε Φιλοστράτου, ὃς Κλεοπάτρᾳ νῦν προσομιλήσας τοῖος ἰδεῖν ἐφάνη.

217, 218. Ähnlich 1073, 1074. νῦν—τότε, bald—bald. τῇδ' ἐφέπου. wende dich dorthin. χρόα, Hautfarbe, bald wechsle die Farbe, d. h. gib dir einen anderen Anschein. κρέσσων, ionisch, wie 618, 631, 996; daneben auch κρείσσων 1074, 1173; ob aber der Dichter beide Formen nebeneinander gebrauchte, lässt sich nicht entscheiden. σοφίη, Klugheit, ἀτροπίη, Unbeholfenheit.

219. μηδὲν ἄγαν (zu 335) war nach Stob. 3, 79 ein Spruch des Solon, während er von anderen dem Chilon zugesprochen wurde (Stob. Flor. IV, p. 297 ed. Meinecke). ἄσχαλλε, betrübe, kränke dich, schon bei Homer. ταρασσομένων πολιητέων, über die Bürgerzwistigkeiten, die Unruhen in der Stadt.

220. μέσην ὁδόν, gehe deinen Weg mitten durch, d. h. lass dich in keine Parteistreitigkeiten ein. Derselbe Ausdruck auch 331.

221. δοκέει, sich einbildet, wähnt. Soph. Ant. 707 ὅστις γὰρ αὐτὸς ἢ φρονεῖν μόνος δοκεῖ, ἢ γλῶσσαν, ἣν οὐκ ἄλλος, ἢ ψυχὴν ἔχειν, οὗτοι διαπτυχθέντες ὤφθησαν κακοί. τὸν πλησίον, wie 611.

222. αὐτὸς μοῦνος, dem Subject assimilirt. ποικίλα δήνεα, Ränke, Kniffe, wie κ 289 ὀλοφώια δήνεα.

223. νόον βεβλαμμένος (an seinem Verstand geschädigt, bethört). Vgl. 705 βλάπτουσα νόον. Tyrt. 12, 40 (Theogn. 938) οὐδέ τις αὐτὸν

βλάπτειν οὔτ' αἰδοὺς οὔτε δίκης ἐθέλει. α 195 τόν γε θεοὶ βλάπτουσι κέλευθον.
Aisch. Ag. 458 φρενῶν κεκομμένος. Soph. El. 474 γνώμης λειπομένα.
225. ἕπεσθαι, nachgeben, sich (ver)leiten lassen, bei Homer εἴκειν und einmal ἐπέπεσθαι ξ 262 = ρ 431.
226. δολοπλοκίαι, Listen, vgl. δολοπλόκος 1386 und πολυπλοκίαι 67 (215). ἄπιστοι, passiv, denen nicht zu trauen ist, unzuverlässige. Dafür citiert Stob. 4, 27 μᾶλλον ἔτ' εἰσὶ φίλαι.
227—232 sind von Solon (13, 71—76). πεφασμένον, geäußert, oder besser „sichtbar, offenbar", d. h. bestimmt. Die Geldgier kennt keine festen Grenzen. Wegen des Spondeus im fünften Fuß vgl. § 2. βίον (βίοτον), Lebensunterhalt, Vermögen. σπεύδουσι, beeilen sich, jagen danach. κορέσειεν, könnte ihren Hunger danach stillen. γίγνεται ἀφροσύνη, das Geld wird zum Unverstand, d. h. erzeugt denselben (θνητοῖς ἀφροσύνην παρέχει oder χρήματα τοῖς θνητοῖς?). Bei Solon lautet der Vers vernünftiger. ἀναφαίνεται (auch Λ 174, P 244), kommt zum Vorschein, entsteht. τειρομένοις, *miseris mortalibus?* Bei Solon heißt es dafür τισομένην, zur Strafe. ἄλλοτε ἄλλος (hat bald der, bald ein anderer) § 7.

233. ἀκρόπολις (Feste) καὶ πύργος (Mauer) Schutz und Schirm. Das letztere gebraucht Homer von Aias λ 556, den er auch ἕρκος Ἀχαιῶν (Γ 229, Z 5) nennt. Schiller „der ein Thurm war in der Schlacht". κενεόφρονι, *vano*, wie 847. Gegensatz ist das homerische πυκινὰ φρονέων.

234. ἔμμορεν (mit τιμῆς auch Α 278, λ 338) ist bei Homer ein Perfect, während Spätere einen Aorist ἔμμορον gebrauchten (Buttm. Ausf. Sprachl. II, 241), sowie es auch hier die Bedeutung des gnomischen Aorists hat.

235, 236. Der Text ist gänzlich verdorben; alle, mitunter recht originelle Conjecturen haben die Stelle bis jetzt nicht geheilt. Am besten dürfte man noch mit Folgendem auskommen: οὐδὲν ἐπιπρέπει ἥμιν (so Bekker) oder auch ἔτι πρέπει (mit Ahrens) und 236 Κύρν' ἀλύειν (ausgelassen zu sein) πόλει ἐν πάγχυ ἀλωσομένῃ, in ziemlicher Übereinstimmung mit der Überlieferung. ἅτε σωζομένοισιν (vgl. 68), ὥσπερ ἂν εἰ σωζοίμεθα, denen keine Gefahr droht, die sich in Sicherheit befinden. ἀλωσομένῃ, dem Untergang geweiht.

237. Der Dichter weissagt dem Kyrnos Unsterblichkeit durch seine Dichtung, beklagt sich aber zugleich über seinen Undank. πτερά, Schwingen, wie Horaz Carm. II, 20 sich in einen Schwan verwandelt sieht und sich in die Lüfte schwingt, um die fernsten Gegenden zu besuchen, so dass er in der ganzen Welt bekannt

wird. σὺν οἷς, statt des einfachen Instrumentalis, wie Θ 530 τὸν τεύχεα θωρηχθέντες. Δ 161 σὺν μεγάλῳ ἀπέτισαν (zu ω 193). ἀπείρονα πόντον ist homerisch.

238. πωτήσῃ, auch Homer hat schon das Frequentativum πωτάομαι. ἀειράμενος, *sublatus*.

239. Vgl. Κ 217 αἰεὶ δ' ἐν θαλίῃσι καὶ εἰλαπίνῃσι παρέσται. Bei Gelagen durfte Musik und Gesang nicht fehlen, vgl. ρ 270.

240. κείμενος ἐν στόμασιν, im Munde geführt, erwähnt, wie Anth. Pal. IX, 62, 6 πάντων δ' Ἑλλήνων κείσομαι ἐν στόματι. Vgl. ἐν στόματι, διὰ στόματος, ἀνὰ στόμα ἔχειν, zu 18.

241. σὺν αὐλίσκοισι, unter Flötenbegleitung, gewöhnlich ὑπ' αὐλητῆρος. λιγύφθογγος ist bei Homer nur Beiwort der Herolde.

242. εὐκόσμως (schon φ 123), sittsam, mit Anstand. ἐρατοί geht auf die äußere Schönheit (reizend). λιγέα (λιγέως) mit heller Stimme.

243. Vgl. Χ 482 νῦν δὲ σὺ μὲν Ἀΐδαο δόμους ὑπὸ κεύθεσι γαίης ἔρχεαι. ω 204 ἔστεωτ' εἰν Ἀΐδαο δόμοις ὑπὸ κεύθεσι γαίης. δνοφερῆς, haben drei Handschriften, die übrigen δνοφεραῖς.

244. πολυκωκύτους, seufzerreich.

245. Für οὐδέ ποτ' schrieb Bergk οὐδὲ τότ'. ἀπολεῖς κλέος, vgl. Β 325, Η 91 κλέος οὔ ποτ' ὀλεῖται. ω 93 οὐδὲ θανὼν ὄνομ' ὤλεσας. μελήσεις ἀνθρώποις, vgl. ι 20 πᾶσι δόλοισιν ἀνθρώποισι μέλω. μ 70 Ἀργὼ πᾶσι μέλουσα.

247. στρωφώμενος, vgl. Ι 463 κατὰ μέγαρα στρωφᾶσθαι. Hymn. 5, 48 κατὰ χθόνα στρωφᾶτο.

248. πόντον ἐπ', wie Β 613 περάαν ἐπὶ οἴνοπα πόντον, ähnlich δ 709, ε 175; sonst wird περάω mit dem bloßen Accusativ verbunden.

249. νώτοισιν, auch von Homer häufiger im Plural als im Singular gebraucht. πέμψει, dich wird geleiten, begleiten.

250. μουσάων δῶρα, die Dichtung, Hes. Theog. 93 μουσάων ἱερὴ δόσις. ἰοστεφάνων, Einl. § 8. Bei Homer noch mit Digamma δ 135, ε 72, ι 426, Ψ 850.

251. οἷσι μέμηλε, was? als Subject dürfte wohl μουσάων δῶρα (die Dichtkunst) zu gelten haben. καὶ ἐσσομένοισιν ἀοιδή, wie θ 580.

252. Vgl. Einl. § 12, wo die Stelle gebessert ist.

253. Die Stelle ist ebenfalls verdorben. Cobet besserte αὐτὰρ ἐγὼ οὐδ' ὀλίγης παρὰ σεῦ νῦν τυγχάνω, mir wird nicht einmal eine geringe Achtung von dir zutheil. σεῦ οὐ, vgl. Einl. § 6. Die Stellung von οὐ ist unrichtig: ich würde dafür νῦν schreiben, dann müsste aber auch ἀλλ' in καί μ' verwandelt werden mit Wegfall des μ' hinter λόγοις. 1266 αἰδοῦς οὐδεμιῆς ἔτυχον.

255, 256 war nach Aristot. Eth. Nik. I, 8 eine Inschrift auf dem delischen Tempel **und** wird von Stob. 103, 8 ziemlich verschieden von unserer Stelle citiert. Skol. 8 (Stob. 103, 9. Athen. XV, 694 E) ὑγιαίνειν μὲν ἄριστον ἀνδρὶ θνατῷ. Soph. Frg. 326 κάλλιστόν ἐστι τοὐνδικον πεφυκέναι, λῷστον δὲ τὸ ζῆν ἄνοσον· ἥδιστον δ᾽ ὅτῳ πάρεστι λῆψις ὧν ἐρᾷ καθ᾽ ἡμέραν. Bei Homer wird τυγεῖν noch nicht **mit** dem Accusativ verbunden wie bei Späteren, wahrscheinlich aus diesem Grund änderte Bekker ἐρᾷ τὸ in ἐρῷτο.

257. ἵππος ἀεθλίη, also ein wertvolles Rennpferd, kein gewöhnliches Zugthier.

258. φέρω, ich führe, nicht vom Reiten zu verstehen, vgl. 260. K 323 ἵππους, οἳ φορέουσιν ἀμύμονα Πηλείωνα. Λ 283 τειρόμενον βασιλῆα μάχης ἀπάνευθε φέροντες.

259. ἠμέλλησα, ich war daran, mit verstärktem Augment, wie 906, Hes. Theog. 478, 888, 898, Arist. Eccl. 597, Ran. 1039, Kall. in Del. 58, Apoll. Rh. I, 1309.

260. ὠσαμένη, vom Wagen herabwerfen, vgl. ἀφ᾽ ἵππων ὦσε E 19, 835, Λ 143, 320. Der Sinn ist: ein tüchtiger Mann soll sich einen schlechten Herrn nicht gefallen lassen, sondern sich von ihm losmachen.

261—266, eine sehr corrupte Stelle, namentlich 263, 264, die jeder Erklärung spotten. μοι, der schon bei Homer gebräuchliche Dativ beim Passiv. κατέχει, die Oberhand hat, in Geltung, Gunst steht. ψυχρόν, mit der Ellipse von ὕδωρ wie Herod. II, 37. περὶ παῖδα βαλών (so Hermann für λαβών), vgl. ρ 38 ἀμφὶ δὲ παιδὶ φίλῳ βάλε πήχεε. λ 211 φίλας περὶ χεῖρε βαλόντε. ἐφίλησα, ich muss küssen, nicht gnomisch. τέρεν φθέγγεται, flüstert leise. ἀπὸ στόματος, mit dem Munde, vgl. 610 und ἀπὸ στόματος ἀγορεύειν Batrachom. 77.

267. ἀλλοτρίη, fremd, d. h. obwohl du nicht selbst arm bist.

268. Nicht in die Volksversammlung noch in die Gerichtssitzungen hat sie Zutritt.

269. τοὔλασσον ἔχει, wird zurückgesetzt. ἐπίμυκτος, beschimpft, verhöhnt.

270. ὁμῶς, gleichmäßig, d. h. bei allen ohne Ausnahme.

271. Einl. § 2. ἴσως, gleichmäßig, ohne Unterschied. τὰ ἄλλα, **sonst**.

272. γῆρας οὐλόμενον, wie 527, 768, 1012, 1021 u. Hymn. 4, 246, auch κακόν und ἀργαλέον. Die Homerischen Epitheta sind λυγρόν, στυγερόν, χαλεπόν und ὁμοίιον. Hymn. 4, 224 ὀλοιόν, 245 νηλειές.

273. τῶν πάντων ist unrichtig, vgl. δ 104 τῶν πάντων οὐ τόσσον ὀδύρομαι.

274. Für πονηρότατον hat Hartung mit Recht πονηρότερον gesetzt.

275. Die Optative sind auffallend neben dem **Conjunctiv** im folgenden Verse. Diesem Übelstand ist mit der Änderung τρέψῃ τε καί.... παράσχῃς leicht abgeholfen. ἄρμενα, *apta, optata*.

276. ἐγκαταθῇς ist unhaltbar: es wird wohl dafür zu schreiben sein εὖ καταθῇς (Bergk εἰ), und **gehörig Geld für sie niedergelegt hast**. πόλλ' ἀνιηρὰ παθών bezeichnet das Mühsame des Erwerbes.

277. καταρῶνται, wie I 454, τ 330.

278. ἐπερχόμενον. **der sich nähert, zu ihnen kommt, sie angeht,** vgl. ρ 346 πάντας ἐποιχόμενον μνηστῆρας und ρ 435 σῷ ἐπιστάτῃ.

279. Bergk vermuthet richtig εἰκός τοι, so auch v. d. Mey *Studia Theognidea* p. 47. νομίζειν τὰ δίκαια, das Recht **anerkennen**, **beobachten**, wie Platon Menex. 237 D δίκην νομίζει. Vgl. V. 45, wo der Dichter klagt, dass die Rechtspflege den Edlen genommen worden sei.

280. κάτοπιν, vgl Einl. § 4. ἁζόμενον kann wegen μηδεμίαν nur hypothetisch aufgefasst werden, wenn er sich vor **keiner** Vergeltung, vor keinem Tadel scheut, aber besser passte ein causales Particip und dazu οὐδεμίαν. χ 40 οὔτε τιν' ἀνθρώπων νέμεσιν κατόπισθεν ἔσεσθαι (δείσαντες).

281. δειλῷ βροτῷ, **dem gemeinen Manne, anders als bei Homer** δειλοὶ βροτοί *(miseri mortales)*. πάρα, bietet sich dar, liegt bereit, d. h. **geschieht es leicht.** ἀπάλαμνα, Heilloses, Unheil. ἀνελέσθαι, **anzunehmen, auf sich zu nehmen, zu laden,** d. h. viel Unheil anzurichten. τ 22 εἰ γὰρ ἐπιφροσύνας ἀνέλοιο.

282. πὰρ ποδός, von dem gebraucht, was vor einem liegt, jederzeit bereit liegt, wie Pindar Pyth. 10, 62 φροντίδα τὴν πὰρ ποδός (die tägliche Sorge), also „jeden Augenblick, stündlich". ἡγεῖσθαι, stärker als οἴεσθαι (meinen, glauben), **die feste Ansicht zu haben, überzeugt zu sein.**

283. ἀστῶν τῶνδε (den hiesigen), wie 24, 61. πόδα πρόβαινε, setze den Fuß vor (die Thüre). βαίνειν πόδα auch bei Eur. El. 94, 1173. νόστιμον πόδα ἐλθεῖν Alk. 1153. πόδα διώκειν Orest 1344, Aisch. Eum. 403.

284. φιλημοσύνῃ, **Freundlichkeit, nur hier.** Dafür ohne Noth Herwerden pg. 21 συνημοσύνῃ.

285. ἐθέλῃ, besser Jacobs ἐθέλοι.

286. ἔγγυον (Prädicat) παρέχειν, als Bürgen stellen. βασιλῆα μέγιστον ἀθανάτων ist Apposition.

287. κακοφότῳ, besser Bergk φιλοψόγῳ, schmähsüchtig. ἀνδάνει οὐδέν, findet man nichts für gut, ist den Leuten nichts recht.

288. Verdorbener Vers, an dem vielerlei Änderungen versucht wurden. Die neuesten sind von Herwerden pg. 18 ἐς δὲ τὸ σῶσ᾽ αἰεὶ und von Sitzler ὡς ἐτύμως αἰεὶ πολλοί. Statt ὡς dürfte wohl mit Orelli ἐς zu setzen sein, ebenso mit Hartung τοι (aber unbetont) statt οἱ, wodurch der ungerechtfertigte Hiatus verschwindet (Einl. § 6). Ich möchte daher folgende Änderung vorschlagen ἐς δὲ τὸ σῶσαί τοι πολλὴν ἀνολβοτέρη (πόλις), d. h. zu ihrer eigenen Rettung ist sie weit ungeschickter, zum Tadeln jedoch gleich bereit.

289. κακά, das Unglück. γίγνεται ἐσθλά, wird zum Glück, gereicht zum Nutzen.

290. ἡγέονται (ἄρχονται), sie führen das Regiment. ἐκτραπέλοισι, abweichend, ungewöhnlich, neu, im Gegensatz zu den νόμοι πάτριοι.

291, 292. Vgl. 647 f. αἰδὼς μὲν ἐν ἀνθρώποισιν ὄλωλεν. κεκράατα, hat das Recht aus dem Felde geschlagen. ἔχει κάτα, beherrscht, wie 322, 394, 604. Vgl. 16 εὐφροσύνη μὲν ἔχῃ κάτα δῆμον ἅπαντα.

293, 294. κρέα als Pyrrhichios auch schon bei Homer. ἔμπης, dennoch καὶ — ἐόντα — Ο 195. ἐόνθ᾽ αἱρεῖ haben alle Mss. außer A (ἐόντ᾽ αἴρει). Dafür Bergk ohne Noth ἀγρεῖ, denn αἱρεῖν wird schon bei Homer mit ähnlichen Subjecten verbunden: χόλος Δ 23, δέος P 67, ἄχος N 581, λήθη B 33, ἵμερος Γ 446, μένος Ε 136, τρόμος Τ 14, θάμβος γ 372, πόθος δ 596, τάφος ψ 122. ἀμηχανίη, Hilflosigkeit, hier „Mangel, Noth". Diese beiden Verse sollen wohl ein Trost für die Adelspartei sein, dass auch der König der Thiere trotz seiner Stärke bisweilen in Noth geräth, sowie ihnen jetzt die Fleischtöpfe weggerückt wurden. Dann könnten 289—294 verbunden werden.

295. κωτίλῳ, garrulo.

296. Soll ἀδαής oder irgend ein anderer Nominativ stehen bleiben, so muss mit Turnebus πέλεται für μέλεται geschrieben werden. Aber auch ἀδαής gibt keinen Sinn. Dafür Brunck ἀσδής = ἀηδής (unausstehlich), Hartung ἀσαρός oder ἀσαρής, Stadtmüller ἀνίη, τοῖσι παρῇ, πέλεται. Herwerden pg. 21 φθεγγομένου δ᾽ ἅμ᾽ ἄσῃ, τοῖσι παρῇ, πέλεται. Der Sinn ist jedenfalls: wenn er redet, wird er allen Anwesenden lästig.

297. ἀναγκαίη ἐπίμιξις τελέθει, das Zusammensein mit einem solchen Menschen beim Trinkgelage ist unvermeidlich.

299. λῇ (§ 15), eine dorische Form, die sich auch bei Theokrit (1, 12. 5, 21; 64. 8, 6; 85. 11, 56), Bion, Epicharmos, Kallimachos (in Dian. 18) und häufig bei Aristophanes (Ach. 749, 766, 772, 776,

788, 814. Lys. 981, 1105, 1162, 1163, 1179) findet. **Dafür** schrieb v. d. Mey p. 50 οὐκ ἐθέλει und im folgenden Verse οὐδ' ὅς κ'. Lukian (Anth. Pal. X, 35, 3) ἢν πταίσῃς, οὐδείς ἔτι σοι φίλος. Vgl. zu 104, 209.

300. ᾧ μιῆς = ᾧ ἐκ τῆς αὐτῆς, d. h. auch nicht sein leiblicher Bruder. Vgl. Γ 238 τώ μοι μία γείνατο μήτηρ. Eur. Phoen. 156 ὃς ἐμοὶ μιᾶς ἐγένετ' ἐκ πατρός. Für ᾧ κ' (A ὤκ') haben die übrigen Handschriften ἤν. γεγόνῃ hat bloß A, die übrigen γεγόνει, vgl. Zeitschr. f. Öst. Gymn. 1874, S. 413.

301 = 1353. πικρός und γλυκύς, beide in übertragener Bedeutung „barsch und liebreich". ἁρπαλέος (anziehend), freundlich. ἴσθι (bei Homer nur zweimal, aber als Imperativ von οἶδα), seltene Form, außerdem noch bei Aisch. Sept. 238, Ag. 512, Cho. 147, Eum. 91. Eur. Or. 1327, Hipp. 724, Frg. 410. λάτριοι, Taglöhner, Knechte. **D. h.** behandle Diener und Nachbarn je nach Erfordernis freundlich oder unfreundlich.

303, 304. κιγκλίζειν (schnell hin- und herbewegen), d. h. man darf nicht daran rühren, es zu ändern suchen. βίον, Lebensverhältnisse, Lebenslage. ἀτρεμίζειν, ruhig bleiben. κινεῖν, die schlechte Lebenslage muss man zu ändern trachten, umgestalten. ἐς ὀρθὰ βάλῃς (so die Aldina, die Mss. λάβῃς), bis man sie aufgerichtet, d. h. zu einer **guten** umgewandelt hat.

305—308 ἐκ γαστρός, aus dem Mutterleibe, d. h. von Geburt, von Natur aus, wie das lat. *matris ab alvo* συντίθεσθαι φιλίην, wie Xen An. II, 5, 8 Freundschaft schließen, ebenso ὁμαιχμίην Her. VII, 145, ξυμμαχίαν Thuk. I, 115, 4, εἰρήνην Isokr. 15, 109. δειλά = πονηρά. ἔπη δύσφημα = ὀνείδεα. ἐλπόμενοι, hier in der Bedeutung „glauben", deshalb auch nicht mit dem Infinitiv Futuri verbunden, zu I 40.

309—312. εἶναι, hier = ἔστω, wie Γ 285, 286, Η 79, 375, Χ 514. So hat nur A, die übrigen ἴσθι, Hermann εἴη. Chilon bei Diog. L. I, 3, 2 γλώττης κρατεῖν καὶ μάλιστα ἐν συμποσίῳ. δοκοῖ (§ 19), er soll sich den Anschein geben, als entgehe ihm alles, wie wenn er gar nicht da wäre (denn der Wein entfesselt die Zunge 479, 504). εἰς (τὰ συσσίτια) φέροι, er soll hineinbringen, vorbringen, zum besten geben. τὰ γελοῖα, Heiteres. θύρηφι, draußen. καρτερὸς, gesetzt, ernst. 312. Vgl. 214 ὀργὴν συμμίσγων, ἥν τις ἕκαστος ἔχει.

313, 314. Man muss sich nach den Leuten richten, mit denen man umgeht. μαινομένοις, Ausgelassenen, vgl. Z 132 u. Anacreontea 8, 19 θέλω, θέλω μανῆναι. Horaz Carm. II, 7, 27 *recepto dulce mihi est furere amico*. Scol. 22, 2 σὺν μοι μαινομένῳ μαίνεο, σὺν σώφρον σωφρόνει.

315—318 sind Verse des Solon, vgl. Frg. 15, wo sie sich mit unbedeutenden Änderungen finden. τῆς ἀρετῆς, *genet. pretii*, gegen unsre Tüchtigkeit, worunter der Dichter seine vornehme Abkunft, seine ihm angeborenen Vorzüge versteht. τὸ, ἡ ἀρετή. ἄλλοτε ἄλλος, zu 157. Arist. Plut. 502 πολλοὶ μὲν γὰρ τῶν ἀνθρώπων ὄντες πλουτοῦσι πονηροί, ἀδίκως αὐτὰ ξυλλεξάμενοι· πολλοὶ δ' ὄντες πάνυ χρηστοὶ πράττουσι κακῶς.

319—322. γνώμην ἔχει (vgl. 635), behält seine Ansicht, ist consequent, Gegensatz ἀμείβεται. ἔμπεδον αἰεί (wie 317, 1084) ist Homerisch. τολμᾷ, ist standhaft, behält seinen Muth, wie 355, 1029. κείμενος (zu 48), ob er sich im Glück oder im Unglück befindet. Eur. b. Stob. 51, 3 τολμᾶν δὲ χρέων, vgl. zu 555. Kleobulos bei Diog. L. I, 6, 4 τὰς μεταβολὰς τῆς τύχης γενναίως ἐπίστασο φέρειν. Periander bei Diog. L. I, 7, 4 εὐτυχῶν μέτριος ἴσθι, δυστυχῶν δὲ φρόνιμος. Horaz Carm. II, 10, 20 *rebus angustis animosus atque fortis appare* etc. βίον = βίοτον. Bei Homer findet sich nur κτῆσιν, κτήματα, ὄλβον ὀπάζειν Ξ 491, ξ 62, σ 19, ψ 214, aber Hymn. 31, 17 βίον und 5, 494; 30, 18 βίοτον ὀπάζειν. κακίην, Niedertracht. κατέχειν, im Zaume halten, zügeln. Menander b. Stob. 92, 7 πλοῦτος καὶ τοὺς φρονεῖν δοκοῦντας ἀνοήτους ποιεῖ. Aisch. b. Stob. 45, 14 κακοὶ γὰρ εὖ πράσσοντες οὐκ ἀνασχετοί. Eur. Suppl. 463 φεῦ, φεῦ κακοῖσιν ὡς ὅταν δαίμων διδῷ καλῶς, ὑβρίζουσ' ὡς ἀεὶ πράξοντες εὖ. Demosth. 1, 23 τὸ γὰρ εὖ πράττειν παρὰ τὴν ἀξίαν ἀφορμὴ τοῦ κακῶς φρονεῖν τοῖς ἀνοήτοις γίγνεται.

323—328. ἐπί, auf Grund eines kleinen Vorwandes, wegen einer Kleinigkeit. ἀπολέσσαι A, die anderen ἀπολέσσῃς, dafür vermuthet Bergk ἀποθέσθαι, stoße nicht von dir. διαβολίῃ schrieb Bergk für das handschriftliche διαβολίη, ebenso wie Pind. Pyth. 2, 76 διαβολιᾶν für den gleichen handschriftlichen Fehler. διαί findet sich bei Homer gar nicht, aber wiederholt bei Aischylos Agam. 449, 1453, 1485, Cho. 611, 641, wo die Handschriften auch meistens διά haben. Chilon διαβολὴν μίσει. Eurip. b. Stob. 42, 3 διαβολαὶ δεινὸν ἀνθρώποις κακόν. Menander b. Stob. 42, 4 οὐδὲν διαβολῆς ἐστιν ἐπιπονώτερον. Herod. VII, 10 διαβολὴ γάρ ἐστι δεινότατον. Isokr. 1, 4 εὐλαβοῦ τὰς διαβολάς. ἁμαρτωλῇσι habeṇ mit Ausnahme von K O (ἁμαρτωλοῖσι) alle Handschriften „wenn einer über die Fehler seiner Freunde ungehalten sein wollte". ἐπὶ παντί, bei jeder Gelegenheit, vgl. π 99, 111, Δ 258, Τ 181 und besonders Theogn. 401 ἐπὶ πᾶσιν ἔργμασιν. ἄρθμιοι, schon bei Homer π 427. Behält man ἐν ἀνθρώποισιν (auf der Welt, auf Erden, wie α 391, ρ 419) bei, so muss verbunden werden ἕπονται θνητοῖς (vgl. 150, 153), sie begleiten die Menschen, sind von ihnen unzertrennlich; besser aber dürfte es sein mit Emperius ἅμ' ἀνθρώποισιν zu schreiben.

οὐκ ἐθέλουσι (ὅτι οὐ δύνανται vgl. z. 613) sie mögen sie **nicht auf** sich
nehmen, d. h. nur die Götter sind ohne Fehler. Pindar Ol. VII, 24
ἀμφὶ δ' ἀνθρώπων φρασὶν ἀμπλακίαι ἀναρίθμητοι κρέμανται. Rhianos b. Stob.
4, 34 ἦ ἄρα δὴ μάλα πάντες ἁμαρτίνοοι πελόμεσθα ἄνθρωποι.

329, 330. εὔβουλος, vgl. § 14. Dafür Stadtmüller unnöthig βραδύπους
εὔβουλος ἔλεν. εἷλεν (gnomisch), fängt, schon bei Homer K 345. Vgl.
Θ 329, 330 κιχάνει τοι βραδὺς ὠκύν, ὡς καὶ νῦν Ἥφαιστος ἐὼν βραδὺς εἷλεν
Ἄρηα, ὠκύτατόν περ ἐόντα θεῶν. .... χωλὸς ἐὼν τέχνῃσι. σὺν ἰθείῃ δίκῃ.
mit dem (geraden) guten Recht auf seiner Seite, vgl. Ψ 580 ἰθεῖα
γάρ ἔσται (δίκη) Σ 508 δίκην ἰθύντατα εἴποι. Hes. Op. 36, 225, Theogon. 86
ἰθείαι δίκαι. Tyrtaios 4, 6 εὐθείαις ῥήτραις. Das Gegentheil sind σκολιαὶ
δίκαι Solon 4, 37. Vgl. zu II 387.

331, 332. ἥσυχος, leidenschaftslos, gelassen. ἔρχεο ποσσὶν ist
homerisch, ebenso wie οὔασιν ἀκούειν, ὀφθαλμοῖσιν ἰδεῖν und Ähnliches.
Frgm. b. Stob. 105, 51 ἡ δὲ μεσότης ἐν πᾶσιν ἀσφαλεστέρα. Vgl. 220
und 335. μηδ' ἑτέροισι δίδου citiert Stob. 15, 6. Dafür steht in den
Handschriften διδούς, wozu aber die Negation μηδὲ weit weniger passt,
als zum Imperativ δίδου. Der Sinn ist: gib dem einen nicht, was
dem anderen zukommt, gib jedem das, was ihm gebürt, neige dich
keiner Partei zusehr zu.

333, 334. φεύγοντα, **einen verbannten** (schon bei Homer). ἄνδρα
ἐπ', § 7. ἐπ' ἐλπίδι, **auf Grund einer** Hoffnung, **die er dir** oder du
dir machst, in Anhoffung auf einen Dank oder Vortheil, vgl. 823
μήτε τιν' αὖξε τύραννον ἐπ' ἐλπίδι. Dem. 2, 10 καὶ σφόδρα γε ηὔθησεν ἐπὶ ταῖς
ἐλπίσιν. φιλήσῃς, φίλον ποιοῦ. οἴκαδε βάς. κατελθὼν εἰς τὴν πατρίδα. γίγνεται
αὐτὸς ἔτι, ist er noch er selbst, d. h. derselbe wie früher. Vgl. 622 πᾶσιν
δ' ἀνθρώποις αὐτὸς ἔνεστι νόος. Eur. Herc. fur. 931 οὐκέτ' αὐτὸς ἦν. Soph.
Oed. R. 557 καὶ νῦν ἔτ' αὐτός εἰμι τῷ βουλεύματι. Ebenso steht αὐτός für
ὁ αὐτός Θ 107, κ 263, π 138, φ 366, M 225, Oppian Hal. IV, 263, so **dass**
die Änderung in αὑτός höchst überflüssig ist.

335, 336. Der erste Vers enthält zwei Sprüche der alten Weisen,
vgl. zu 219 und Anth. Pal. VII, 683, 1 „μηδὲν ἄγαν" τῶν ἑπτὰ σοφῶν ὁ
σοφώτατος εἶπεν. Kleobulos b. Stob. 3, 79 πᾶν μέτρον ἄριστον. Thales oder
Pittakos b. Stob. 3, 79 μέτρῳ χρῶ. Hes. Op. 694 μέτρα φυλάσσεσθαι·
καιρὸς δ' ἐπὶ πᾶσιν ἄριστος. Pseudophok. 12 καλὸν δ' ἐπὶ μέτρον ἅπασιν.
μηδὲν ἄγαν σπεύδειν, nichts mit Hast betreiben, steht auch 401.
ἀρετὴν λαβεῖν χαλεπόν, vgl. Hes. Op. 289 ff.

337—340. φίλων τίσιν, Rache für die Freunde, nach anderen
„Vergeltung, Belohnung". δυνησόμενον ist unrichtig, denn an Stelle
eines Infinitivs kann es nicht gesetzt sein. Dafür Hermann δυνησομένην.

die mächtiger sein soll als die Feinde, d. h. der sich die Feinde nicht sollen entziehen können. Es wäre auch δυνησομένῳ, δυνησαμένῳ, δυνησομένων (auf φίλων bezogen) möglich, aber alle diese schon gemachten Verbesserungsvorschläge befriedigen ebensowenig wie Κόρν' ἰδυνησομένων. Da der Genetiv mit μετά überall eine gemeinschaftliche Thätigkeit, oder wenigstens einen gemeinsamen Zustand bezeichnet (im Bunde, im Verein mit), so empfiehlt sich die Änderung von Brunck μετ' ἀνθρώποις, vgl. Ω 258 Ἕκτορά δ᾽ ὅς θεὸς ἧκε μετ᾽ ἀνδράσιν. μοῖρα κίχοι θανάτου. auch bei Mimn. 6, 2 u. Solon 20, 4. Die Phrase ist homerisch, vgl. Χ 303 με μοῖρα κιχάνει, Ι 416, ρ 476.

341. καίριον (zeitgemäß, schicklich, angemessen) εὐχήν, vgl. Aisch. Cho. 1064, Soph. Phil. 637, Eur. Phoen. 1440, wo καίριος ebenfalls als Femininum gebraucht wird; doch findet sich auch καιρία Aisch. Ag. 1292, 1343, Soph. Oed. R. 631. Dem Dichter mochten wohl Stellen wie Θ 242 ἀλλὰ Ζεῦ τόδε πέρ μοι ἐπικρήηνον ἐέλδωρ, Α 508 ἀλλὰ σύ πέρ μιν τίσον Ὀλύμπιε vorgeschwebt haben.

343. τεθναίην, vgl. Σ 98 u. besonders Mimn. 1, 2 τεθναίην. ὅτε μοι μηκέτι ταῦτα μέλοι. μεριμνέων (so bloß A) steht auch 1153, aber auch da haben fast alle Mss. die contrahierte Form, § 15. ἄμπαυμα, Ruhe, Erlösung, Befreiung, bei Homer nur κατάπαυμα Ρ 38.

344, 345. δοίην, nämlich den Feinden als Wiedervergeltung, dafür Turnebus δοίης. welches Bekker aufgenommen hat. ἀκῶν, vgl. § 5. αἶσά ἐστι, es gehört sich, ist billig, anders αἶσα γὰρ ἦν θ 511. φαίνεται. bietet sich dar, wie ε 410 ἔκβασις οὔ πῃ φαίνεται. κ 79 οὐκέτι φαίνετο πομπή. δ 361, τ 557, Λ 174, 734, Μ 416. Statt ἡμῖν ist, weil darauf gar kein Nachdruck liegt, wohl ἥμιν zu schreiben.

346. ἀνδρῶν, objectiver Genetiv. Wegen der Verschiedenheit des Numerus von ἥμιν und τἀμά vgl. zu Ν 257. βίῃ, also widerrechtlich, vgl. ο 230 ὅς οἱ χρήματα πολλὰ τελεσφόρον εἰς ἐνιαυτὸν εἶχε βίῃ.

347. κύων, ein im Orient verachtetes Geschöpf, hier zur Bezeichnung eines von allem entblößten Menschen. Dabei erwarteten wir ein ὡς, welches jedoch auch fehlen kann, wie κ 495 ταὶ δὲ σκιαὶ ἀΐσσουσιν. Diese Stelle erregte merkwürdigerweise Anstoß: so änderte Ahrens δὲ κύων in δὲ κακῶν, Stadtmüller δ᾽ ἀλύων, Herwerden p. 23 κάνθων. χαράδρην, torrentem, schon bei Homer.

348. χειμάρρῳ ποταμῷ. wie Δ 452, Ε 88. ἀποσεισάμενος. nachdem ich mir alles abgeschüttelt hatte, d. h. von allem entblößt. Bei der Erhebung der Volkspartei gegen den Adel rettete der Dichter nur das nackte Leben.

349, 350. εἴη (möge es mir vergönnt sein) mit dem Infinitiv, wie 561, 1153, 1155. Vgl. § 497 ἀλλά τις εἴη εἰπεῖν. Verg. Ecl. 10, 46 *sit mihi credere*. αἷμα πιεῖν, zur Bezeichnung der größten Rachsucht, vgl. zu Δ 35. Eur. Frg. 688 ἐμπλήσθητί μου πίνειν κελαινὸν αἷμα. ἐπί τ᾿ ἐσθλὸς ὄροιτο δαίμων, und möge ein günstiger Gott darauf achthaben, darüber wachen, vgl. γ 471 ἐπὶ δ᾿ ἀνέρες ἐσθλοὶ ὄροντο. § 404 ἐπὶ δ᾿ ἀνέρες ἐσθλοὶ ὄρονται und Ψ 113. κατ᾿ ἐμὸν νοῦν (§ 15), nach meinem Wunsch, vgl. I 108 οὖ τι κατ᾿ ἡμέτερόν γε νόον.

351—354. πενίη, vgl. 649. μένεις, säumst, zögerst. Sonst heißt μένειν mit dem Infinitiv „auf etwas warten". προλιποῦσα (auch bei Hes. Op. 199, 636), mich zu verlassen und. Im V. 352 ist die Schreibweise verdorben: die Besserung von Bekker μὴ δή μ᾿ . . . . φίλει ist die einfachste und entsprechendste, die von Herwerden p. 23 τί βίη μ᾿ . . . φιλεῖς ist wohl sinngemäß, hat aber wenig Wahrscheinlichkeit für sich. ἐποίχεο, besuche, suche auf, wie Hymn. 3, 150 λίκνον ἐπῴχετο. μεθ᾿ ἡμέων, in meiner Gesellschaft, in Gemeinschaft mit mir.

355—358. τόλμα, sei standhaft, muthvoll, vgl. 320. κακοῖσιν, *in rebus adversis*, wie 1029. Horaz Carm. II, 10, 20 *rebus angustis animosus atque fortis appare*. τούτων (partitiver Genetiv) gehört zu ἔχειν = μετέχειν. σε μοῖρ᾿ ἐπέβαλλεν, dich das Schicksal getroffen, dir beschieden hat. περ gehört zu ὡς, gerade so wie. ἐξ ἀγαθῶν, aus glücklichen Verhältnissen heraus, unmittelbar nach dem Glück, zu Ν 493. ὡς, demonstrativ = οὕτως, schon bei Homer. ἐκδῦναι (κακῶν), dich aus dem Unglück emporzuarbeiten, herauszubringen, vgl. υ 53 κακῶν ὑποδῦσαι ἤδη. Π 99 ἐκδῦμεν ὄλεθρον. θεοῖσιν ἐπευχόμενος, vgl. 943, 1116. Über den Wechsel von Glück und Unglück vgl. Theokr. 4, 41 θαρσεῖν χρή, φίλε Βάττε, τάχ᾿ αὔριον ἔσσετ᾿ ἄμεινον. Eur. Hek. 957 οὐκ ἔστιν οὐδὲν πιστὸν οὔτ᾿ εὐδοξία οὔτ᾿ αὖ καλῶς πράσσοντα μὴ πράξειν κακῶς. Frg. 424 μί᾿ ἡμέρα τὸν μὲν καθεῖλεν ὑψόθεν, τὸν δ᾿ ἦρ᾿ ἄνω. Frg. 264 ὃς γὰρ ἂν σφαλῇ εἰς ὀρθὸν ἔστη, χὠ πρὶν εὐτυχῶν πίτνει. Eur. bei Stob. 105, 46 φεῦ, τὰ τῶν εὐδαιμονούντων ὡς τάχα στρέφει θεός. Soph. Aias 131 ὡς ἡμέρα κλίνει τε κἀνάγει πάλιν ἅπαντα τἀνθρώπεια. Phil. 502 ὡς πάντα δεινὰ κἀπικινδύνως βροτοῖς κεῖται, παθεῖν μὲν εὖ, παθεῖν δὲ θάτερα. Aischyl. Frg. 56 (Stob. 105, 24). Wüstemann Promp. Sentent. pg. 87.

J. La Roche.